VINCENT FRICKE THOMAS EULER
MIT FOTOS VON VIVI D 'ANGELO

LEFT OVER

IN DEINEM KÜHLSCHRANK STECKT MEHR, ALS DU DENKST

DIE SCHANDE DES WEGWERFENS AUF DEN PUNKT GEBRACHT

Auszug aus der Ermittlung der weggeworfenen Lebensmittelmengen und Vorschläge zur Verminderung der Wegwerfrate bei Lebensmitteln in Deutschland - Kurzfassung[1]

„Die Ernährungs- und Landwirtschaftsorganisation der Vereinten Nationen (FAO) geht davon aus, dass weltweit rund ein Drittel der für den menschlichen Verbrauch produzierten Lebensmittel verloren gehen oder weggeworfen werfen. Dies würde einer Menge von etwa 1,3 Milliarden Tonnen pro Jahr entsprechen. Gleichzeitig leiden nach FAO Schätzungen rund 925 Millionen Menschen an Hunger und Unterernährung. Entlang der Wertschöpfungskette von Lebensmitteln (Erzeugung, Verarbeitung, Transport, Handel und Entsorgung) werden natürliche Ressourcen beansprucht und in hohem Maße verbraucht. Dadurch, dass bereits produzierte Lebensmittel nicht verzehrt werden, gehen diese natürlichen Ressourcen verloren.
...
Darüber hinaus ist es sowohl ethisch als auch sozial nicht vertretbar, Lebensmittel nicht zu nutzen. Hierdurch wird die Schere zwischen Wohlstand und Armut, zwischen Überfluss und Unterernährung sowie zwischen Industrie- und Entwicklungsländern immer weiter geöffnet.

Das Bundesverbraucherministerium hat mit der Kampagne "Jedes Ma(h)l wertvoll" im Zusammenhang mit der Wertschätzung von Lebensmitteln auch die Problematik Reduzierung von Lebensmittelabfällen thematisiert. Die Europäische Kommission hat Anfang 2012 das Thema ebenfalls auf die politische Agenda gesetzt und das Ziel ausgegeben, EU-weit die Menge der unnötig weggeworfenen Lebensmittel um 50 Prozent zu verringern.“

[1]**Universität Stuttgart; Institut für Siedlungswasserbau, Wassergüte- und Abfallwirtschaft**

LEFT OVER

IN DEINEM KÜHLSCHRANK STECKT MEHR, ALS DU DENKST

INHALT

VORWORT DES AUTORS

„Leftover" bedeutet ins Deutsche übersetzt so viel wie „Übergebliebenes". Das geistige Bild von Letzterem ist meist wenig attraktiv – das wollen wir zwar ändern, aber wir wollten natürlich nicht schon mit dem Buchtitel selbst abschrecken. Ich möchte mich aber nicht mit Anglizismen und ihrer sprachlichen Attraktivität aufhalten, sondern lieber direkt zum eigentlichen Thema dieses Buches kommen: **Übriggebliebenes. Leftover.**

Warum etwas übrig bleibt, dafür gibt es verschiedene Gründe. Als Koch weiß man selten, wie es genau um den Hunger der Gäste steht, für die man kocht. Oder die Augen waren mal wieder größer als der Magen. Oder man folgt beim Kochen dem Motto „besser den Schaden als die Schande", nach dem meine Großmutter seit jeher stets zu viel auftischt. Oder, oder, oder.

Doch eines unterscheidet meine Großmutter klar von den heutigen Protagonisten am heimischen Herd: Sie überlässt ihre Reste nicht einfach dem Mülleimer. Suppen und Eintöpfe etwa stehen regelmäßig auf ihrem Speiseplan, um Übergebliebenes noch galant an den Mann zu bringen.

Eintopf ist im Übrigen ein sehr interessantes Thema, wie ich finde. Setze ich jemandem einen Eintopf vor, wird dieser meist mit großen Augen und noch größerem Appetit hinuntergeschlungen. Doch – und das hat mich in der Tat schwer verdutzt – die meist gehörte Aussage im Anschluss ist: „Macht man viel zu selten, so einen Eintopf!" Warum eigentlich?

Es mag besondere Exemplare wie den Erbseneintopf geben, deren Zubereitung einen extra Einkauf erfordert. Doch im Allgemeinen gibt ein Eintopf nur vor, dass alles aus einem Topf kommt. Er kocht sich a) von allein und b) mit Resten aus dem Kühlschrank. Was wiederum folgenden Gedanken aufwirft: **Entweder sind die meisten Menschen so gut organisiert, dass keine Reste überbleiben – oder aber sie gehen mit ihren Leftovern nicht so um, wie es meine Großmutter noch tat.** Ich befürchte ja, Letzteres ist die Regel.

Denn sind wir doch mal ehrlich: Niemand isst gerne alleine. Außerdem macht für eine Person zu kochen viel weniger Spaß. Die Anzahl der Tiefkühlpizzen, die immer wieder als alleiniger Posten auf den Kassenbons der Discounter und Supermärkte erscheinen, spricht eine ähnliche Sprache. Also kochen die meisten Menschen, sofern sie überhaupt kochen, immer mindestens für zwei. Und schon allein das führt zum Mengeneinkauf. Denn den eigenen Hunger punktgenau abzuschätzen ist schwer genug. Aber den eines anderen?! Es gibt zumeist mindestens eine unsichere Variable in der Gleichung: Das Hungergefühl.

Generell gehe ich davon aus, dass meist zu viel gekocht wird, weil niemand gern hungrig vom Tisch aufsteht. Womit wir beim springenden Punkt wären: **Was geschieht mit den Resten?** Der Ideenreichtum, wie man aus den Resten noch etwas Feines zubereiten kann, ist leider oft begrenzt. Was an sich nicht weiter schlimm ist. Denn als Inspirationsquelle gibt es ja Millionen Rezepte im Netz, Abertausende Kochbücher sowie unzählige Kochshows, Apps und Zeitschriften. Doch für die Leftover-Küche braucht man an sich gar keine fixen Rezepte, sondern schlicht ein wenig Basis-Know-how, kombiniert mit dem Mut, einfach mal was in den Topf zu packen. Wenn meine Oma Eintopf machte, war weit und breit nirgends ein Rezept zu sehen. Geschmeckt hat er trotzdem immer.

Am Basis-Know-how – und damit der Grundlage für Kreativität – mangelt es in meinem Umfeld immer öfter. Aus diversen Gründen. Früher war normal, dass Kochwissen über Generationen weitergegeben wurde. In unseren modernen Familien- und Lebensverhältnissen ist dafür weniger Raum. In weiterführenden Schulen sind Kochen und Haushalt ebenfalls keine Themen. Und die ständige Verfügbarkeit von leicht zu imitierenden Rezepten – gerne auch in Videoform – führt nebenbei dazu, dass vieles nachgemacht werden kann, ohne wirklich zu verstehen, was man eigentlich gerade warum tut. In Summe führt all dies in vielen Haushalten zu einer simplen Gleichung: **Leftover + mangelndes Know-how = Abfälle.**

Wir alle sind ein Stück weit Opfer unserer Gesellschaft. Diese verlangt nicht mehr, dass wir Reste verwerten, sondern erzieht uns dazu, billig einzukaufen und sogar noch völlig intakte Lebensmittel aufgrund optischer Makel zu entsorgen. Punkt an die Lebensmittelindustrie, aber leider ein Minuspunkt!

Wir schmeißen tonnenweise gute Lebensmittel weg, kaufen in Folge zu viel und drücken mit unserem Konsumverhalten die Preise auf ein Minimum. Das schlägt sich wiederum in den Produktionsbedingungen nieder, mit Konsequenzen von Massentierhaltung über Monokultur bis hin zu menschenunwürdigen Arbeitsbedingungen. Hinzu kommt, dass wir ein derartiges Feingefühl für die Ästhetik unserer Lebensmittel entwickelt haben, dass sich die Industrie veranlasst sieht, große Mengen qualitativ einwandfreier Produkte einfach zu entsorgen. Denn sobald sie äußerliche Mängel aufweisen – etwa eine krumme Wuchsform – suggerieren sie dem Markt, dass sie als Ladenhüter eher schlecht würden, als an den Kunden zu kommen.

Problemlos könnte ich dieses Thema noch weiter politisieren. Könnte schimpfen über uns, mich, unsere Gesellschaft. Könnte „das System“ dafür verantwortlich machen, dass wir tonnenweise nahrhafte und geschmacklich einwandfreie Lebensmittel wegwerfen. Doch ich fürchte, das würde wenig helfen. **Deshalb will ich mithilfe dieses Buches lieber konstruktiv zu einer Lösung beitragen und eine Möglichkeit aufzeigen, wie wir es in Zukunft besser machen können.**

Denn seien wir ehrlich: Jeder von uns hat zumindest hin und wieder das Gefühl, zu viel wegzuwerfen. Was im Umkehrschluss bedeutet: **Wir alle haben die Möglichkeit, einen kleinen aber bedeutsamen Beitrag dazu zu leisten, dass unsere Gesellschaft zukünftig bewusster mit Lebensmitteln umgeht.** Und zwar indem wir zuerst hinter der eigenen Kühlschranktür kehren. Beziehungsweise eben nicht kehren, sondern kochen! Und genau dabei soll dieses Buch helfen. Denn natürlich handelt es sich hierbei um ein praktisches Kochbuch, nicht um einen Essay über Ethik. Und Spaß macht der hier vertretene kreative Umgang mit Leftovern obendrein. Versprochen!

In diesem Sinne: **Viel Spaß beim Lesen und Leftovern!** Dein Vince

Vorwort der Fotografin

Danke, dass du dieses Buch in deinen Händen hältst! Fast zwei Jahre sind vergangen, seit ich das erste Mal mit Vincent zusammensaß, und er mir seine Idee von einem Leftover-Kochbuch erzählte. Mein Studio war leer, ich war gerade eingezogen. Unsere Stimmen hallten, Vincent saß auf dem einzigen Sessel, der da war, ich auf dem Boden, vor uns zwei Gläser Leitungswasser und eine Packung Gummibärchen (ja, sowas essen wir auch). Und doch denke ich so unglaublich gerne an diesen Augenblick zurück.

Man braucht nicht viel, um einen Moment zu erleben, der in Erinnerung bleibt. Genauso, wie man nicht viele Klamotten braucht, um sich wohlzufühlen, nicht so viel Krimskrams in der Wohnung, um sie Zuhause zu nennen, keine tausend Tässchen und Löffelchen und Schälchen, um ein Food-Stillleben zu fotografieren. Reduzieren ist seit einigen Jahren ein Weg, der mir persönlich immer sinnvoller erscheint, in einer Welt voller Überschuss und Reizüberflutung. Auf das Wesentliche zu achten. **Die kleinen Dinge schätzen und genießen. Vielleicht mal spontan sein und ein „unperfektes" Essen zuzubereiten, wenn der Besuch genauso spontan an der Tür klingelt.** Was zusammenschnippeln und in den Topf werfen. Einfach mal fünfe gerade sein lassen.

Ich glaube, Leftover entspringt von Anfang an diesem Gedanken: **Man braucht nicht viel. Vielleicht hat man schon das meiste. Und überhaupt: Kochen, Essen und Beisammensein soll doch Spaß machen!**

Bei meiner Arbeit als Foodfotografin erlebe ich natürlich sehr viele Trends, sehe (und mache) viele aufwendig komponierte Rezeptfotos für Blogs, Bücher und Social-Media-Kanäle. Ganz wunderbare Rezepte und Gerichte, gar keine Frage. Doch denke ich manchmal: **Wo ist die Leichtigkeit geblieben?** Wo die Einfachheit? Die Freude an ein paar guten Zutaten, an unverkrampftem Spaß am Herd?

Isst denn keiner mehr einfach mal eine Stulle?
Ist denn eine einfache Stulle nicht auch etwas verdammt Leckeres?

Ich hoffe sehr, dass ich ein Stückchen dieser Leichtigkeit, die ich mir so wünsche, auch in die Bildsprache dieses Buches packen konnte. Lust machen, auch mit wenigem zu experimentieren und nach Gefühl zu kochen. Keine genauen Mengenangaben, keine Vorschriften, kein Ballast, vor allem auch keine ellenlangen Zutatenlisten, bevor man überhaupt loslegen kann.

Kein Wunder also, dass ich mit Vincents Idee für Leftover sofort Feuer und Flamme war. Und wie wunderbar, dass es dieses Buch nun wirklich gibt, und du es in deinen Händen halten kannst, lieber Leser. Ich wünsche dir viel Spaß und gute Momente damit! Deine Vivi

VORGESCHICHTE: MEINE OMA HATTE RECHT

Meine Oma hatte früher, immer wenn wir Essen gingen, kleine Töpfchen (später dann Tupperware) in ihrer Handtasche dabei. Darin nahm sie die Reste von unseren Tellern mit nach Hause. Obwohl ich damals noch sehr klein war, war mir das immer furchtbar peinlich. Meine inzwischen 98-jährige Oma wurde 1920 geboren und ist somit ein Nachkriegskind – des ersten Weltkriegs. Als solches hat sie lebendige Erinnerungen an etwas, das uns heute in der westlichen Welt fremd geworden ist: echter, existenzbedrohender Hunger. Die wenigsten von uns können sich vermutlich auch nur ansatzweise vorstellen, was ein solcher Hunger bedeutet. Sonst wäre uns klar, dass es absolut nicht peinlich ist, genießbare Lebensmittel vom eigenen Teller mit nach Hause zu nehmen!

Denn es ging meiner Oma mit ihren Töpfchen nicht um die Tatsache, dass sie das gesamte Gericht bezahlt hatte und ihr die Reste deswegen zustanden. Für sie, als Kind ihrer Zeit, war es schlicht undenkbar, Lebensmittel wegzuschmeißen, die a) noch gut waren und b) noch Menschen ernähren konnten. (Außerdem ist meine Oma praktisch veranlagt. Darum hat sie natürlich auch nichts gegen die Zeitersparnis, die das Erwärmen gegenüber dem Neukochen mit sich bringt.)

Während ich dies niederschreibe, wird mir klar: Meine Jahrzehnte der Eitelkeit sind wohl langsam vorüber. Sogar ohne jemals tatsächlichen Hunger gelitten zu haben, verstehe ich das Handeln meiner Oma inzwischen immer besser.

Mit zunehmend mehr Argwohn hingegen betrachte ich daher sowohl mein persönliches Handeln als auch das vom Großteil unserer Gesellschaft. In meinem Berufsleben kann ich immer wieder beobachten, wie sorglos und unachtsam wir mit Lebensmitteln umgehen; wie, mit Verlaub, arrogant fast volle Teller im Restaurant zurück in die Küche gehen, weil der Gast sich beim Ordern übernommen hat; oder wie wir achtlos Lebensmittel entsorgen, die zwar nicht mehr ganz so hübsch, aber fast noch genauso nahrhaft sind wie eh und je – nur weil sie in unseren von Hochglanzfotos und Instagram-Filtern (v)erzogenen Augen ihre Attraktivität verloren haben.

Wir wettern gerne über die großen Unternehmen und ihre Wegwerfmoral (oder Antimoral). Doch sind wir Verbraucher nicht diejenigen, die letztlich entscheiden, wann im Supermarkt etwas weggeworfen wird? Entscheiden nicht wir mit unserem Griff ins Gemüseregal, was ästhetisch aussieht und was nicht? Und sind nicht wir Verbraucher diejenigen, die sich im Kaufrausch die Körbe vollpacken und am Ende große Teile entsorgen, weil wir sie falsch gelagert oder schlicht nicht rechtzeitig verbraucht haben? Auch die Sensibilität gegenüber Mindesthaltbarkeitsdaten, denen wir mangels Vertrauen in unsere ureigenen Riech- und Geschmacksorgane blind folgen – fast so, als handele es sich beim MHD um ein feststehendes physikalisches Gesetz– wächst auf unserem Konsumentenmist.

Damit möchte ich keinesfalls die großen Ketten und Konzerne in Schutz nehmen. Wohl aber will ich darauf hinweisen, dass sich jeder von uns auch an die eigene Nase fassen muss. Denn wir schmeißen verdammt viel weg. Und genau hier kann jeder von uns aktiv werden und einen Beitrag leisten. Also mach einfach mal ein Experiment und schaue in deinen Kühlschrank. Vielleicht fällt dir ja noch eine kleine, schrumpelige Karotte entgegen, die heute unbedingt noch verarbeitet werden will. Wenn ja, dann tue ihr den Gefallen! Ganz so, wie meine Oma es getan hätte. Und deine vermutlich auch.

Ich bin derweil an meinem eigenen Kühlschrank und koche mit gutem Beispiel voran!

Bei vielen Gemüsesorten haben wir uns die Unsitte angewöhnt, viel zu großzügig Teile wegzuschmeißen, in denen noch jede Menge Geschmack steckt.

Wusstest du zum Beispiel, dass der Strunk eines Brokkolis jede Menge Geschmack enthält, wenn du ihn von der hölzernen Schale befreist? Du kannst ihn einfach mit den Röschen kochen oder sogar als rohe Julienne auf einen Salat geben.

Weitere tolle Teile, die zu oft in der Tonne landen: das Blattgrün von Radieschen, Kohlrabi oder Karotten. Diese machen sich super in Salaten oder Pastagerichten. Und den weißen Teil am Rand einer Melone kannst du abschaben, fein schneiden und im Salat verwenden.

* EINE KURZE BEDIENUNGSANLEITUNG ZU DIESEM BUCH *

Als wir anfingen an diesem Buch zu arbeiten, wurde uns schnell klar, dass es kein gewöhnliches Kochbuch werden dürfte. Um das Thema Leftover alltagstauglich und praktisch in einem Buch anzugehen, brauchten wir einen anderen Ansatz. Schlicht Rezepte herunterzuschreiben würde nicht genügen.

Denn wenn es darum geht, Dinge zu verwerten, die übrig geblieben sind und noch rumliegen, dann helfen exakt durchzuführende Hochglanzrezepte wenig. Selten hat man genau 300 g Karotten, 3 Stangen Sellerie, 200 ml Sauce und 375 g Tellerlinsen über, denn die üblichen Verpackungseinheiten umfassen meist 500 g oder gleich 1 Kilo. Diese gängige Art und Weise Rezepte zu verfassen macht Sinn, wenn es darum geht, ein bestimmtes Gericht so zu übermitteln, dass der Leser es möglichst präzise replizieren kann. Doch wie schon im Vorwort erwähnt, ist dies nicht das Ansinnen der Leftover-Küche. Koch einfach mit dem was da ist – unabhängig von der Menge, wir wollen schließlich nicht noch mehr Reste erzeugen.

Die Leftover-Küche verfolgt ein anderes Ziel: das Bestmögliche aus dem herauszuholen, was gerade zur Hand ist. Sie will keinen Stern erkochen, sondern **alltagstauglich und lecker auftischen**. Daher geht es hier weniger um Präzision als um kompetente Kreativität. Genau diese Philosophie steckt in den folgenden Seiten.

Zunächst zur **Kreativität**. Dieses Buch ist eine Einladung, sich zu trauen und einfach mal zu machen. Wer seine Kochsozialisation in erster Linie präzisen Rezepten verdankt, mag dem Irrglauben unterliegen, Genauigkeit sei entscheidend. Doch beim Kochen ist dies – anders als beim Backen – nur selten der Fall. Insbesondere wenn es um Hausmannskost, nicht um Sterneküche, geht. **Deshalb verzichten wir weitestgehend auf Mengenangaben.** Die meisten Gerichte, die du in diesem Buch findest, sind Klassiker der Leftover-Küche. Über Jahrhunderte wurden sie in unzähligen Varianten gekocht, abhängig davon, was eben gerade verfügbar war. Dieses Prinzip funktioniert auch heute noch wunderbar. Daher reden wir in diesem Buch auch eher von Inspirationen, als von Rezepten. Sollte es bei einem Rezept trotzdem einmal wichtig sein, sich an Mengenangaben zu halten, wird das dabeistehen oder ich gebe dir Hilfestellung, was Mengenverhältnisse angeht – dann klappt es garantiert.

An dieser Stelle kommt nun die **Kompetenz** ins Spiel. Damit du dich tatsächlich unbesorgt an deine Leftover trauen kannst, hilft es natürlich zu verstehen, was beim Zubereiten tatsächlich wichtig ist. Was musst du beim Verarbeiten bestimmter Produkte wissen? Welche Fehler könnten das Resultat wirklich beeinträchtigen? Welche Dinge kannst du gut miteinander kombinieren? Genau dieses Basiswissen haben wir in die Inspirationen eingearbeitet. Schließlich soll dein Mut ja belohnt werden! Das bedeutet übrigens auch, dass du aus den meisten Inspirationen zahlreiche unterschiedliche Gerichte machen kannst.

Zusammengefasst heißt das: **Dieses Buch hat das Ziel, dir das notwendige Rüstzeug an die Hand zu geben, um zu einer kompetenten Leftover-Köchin bzw. einem kompetenten Leftover-Koch zu werden.** Trotz aller Mühe kann es auf dem Weg dorthin die ein oder andere Frage geben, die wir nicht beantwortet haben. In solchen Fällen freuen wir uns, wenn du uns auf genau diese Fragen hinweist, damit wir sie nochmal aufgreifen können – du erreichst uns über www.vincentfricke.com oder über unseren Verlag info@umschau-buchverlag.de. **Last but not least:** Das ein oder andere Malheur wird dir bestimmt unterlaufen. Das gehört zum Lernprozess. Lass dich davon nicht entmutigen, sondern sieh es als Chance, mehr zu lernen. Deine Leftover werden es dir danken. Und nicht nur die. Denn natürlich kannst du alles, was du hier lernst, ebenfalls nutzen, um Neugekauftes zu verarbeiten.

LEFTOVER IM ALLTAG

In diesem Abschnitt widmen wir uns dem Thema Leftover in alltäglichen Kontexten. Denn Leftover entstehen oft, weil wir im Alltag nicht bewusst darauf achten, ob und wie viel Lebensmittelmüll wir produzieren. Ob beim Einkauf oder der Lagerung: Mit ein wenig Organisationstalent legen wir mit ganz einfachen Dingen die Grundlage dafür, was später in unseren Kühlschränken los ist. Die folgenden Seiten sollen sensibilisieren und mit praktischen Tipps dazu beitragen, dass wir in diesen Alltagssituationen etwas achtsamer und bedachter handeln.

EINKAUFEN FÜR LEFTOVER-NINJAS

Die Grundlage dafür, wie viel oder wenig Lebensmittel wir wegschmeißen, legen wir mit unserem Einkaufsverhalten. Reste gehören in jeder Küche dazu. Doch über deren Ausmaß, das den kleinen aber feinen Unterschied zwischen Verwendung und Verschwendung machen kann, bestimmen wir in dem Moment, in dem wir unseren Einkaufswagen beladen.

Aber braucht man wirklich einen Text zu einem an sich so trivialen Thema? Ich meine ja. Denn dass der Einkauf weitläufig unterschätzt wird, zeigt sich an der Tatsache, dass nachgewiesener Maßen der deutsche Durchschnittshaushalt jährlich Lebensmittel im Wert von mehreren 100 Euro in den Müll schmeißt. Und das hat meiner Erfahrung nach ein bisschen mit fehlendem Bewusstsein, aber jede Menge mit mangelnder Organisation zu tun.

Zugegeben, die hier vorgestellten Tipps mögen etwas aufwendig erscheinen, wenn man es gewohnt ist, einfach los zum Supermarkt zu laufen. Ein paar Minuten extra musst du investieren. Doch versprochen: Leftover-freundliches Einkaufen geht schnell ins Blut über. Und ab dann spart ein gut organisierter Einkauf sogar Zeit – und von der haben wir ja sowieso alle weniger, als wir gerne hätten.

* STEP-BY-STEP *
ZUM GEKONNTEN EINKAUF

❶. EIN BLICK IN DIE ZUKUNFT
Richtig einkaufen beginnt zu Hause. Zunächst gilt es, dir zu überlegen, was du die nächsten Tage im Allgemeinen planst. Kommt Besuch oder bist du selbst viel unterwegs und isst daher außerhalb? Sind die Kinder alle da oder schlafen sie auswärts? Was bedeutet das für deine Essensplanung? Willst du täglich kochen oder einmal für ein paar Tage? Wenn du außerdem das ein oder andere Rezept ausprobieren willst, ist jetzt der richtige Zeitpunkt, sie zu lesen.

Basics- vs. Großeinkauf
Sobald dir klar ist, was die nächsten Tage in deiner Küche passieren soll, weißt du auch, ob du

a) einen Basics-Einkauf oder
b) einen Großeinkauf

planst. Diese Unterscheidung solltest du dir merken, weil beide Typen unterschiedlich vorbereitet sein wollen. Der Basics-Einkauf geht locker von der Hand, sobald du deine Küche einmal gut organisiert hast. Mit den richtigen Tools (dazu gleich mehr), kannst du ihn auch spontan nach der Arbeit oder auf dem Rückweg vom Fußballtraining der Kids einschieben, ohne später lauter Doppeltes oder Unnötiges in der Tüte zu haben. Der Großeinkauf hingegen erfordert etwas mehr Vorbereitung.

❸. DIE EINKAUFSLISTE
Nun kommt das wichtigste Tool für gut organisierte Einkäufer ins Spiel: die Einkaufsliste. Ich empfehle ein System aus zwei Listen:

a) die Basics-Liste und
b) die Großeinkaufsliste

Das mag auf den ersten Blick kompliziert klingen, ist aber im Zeitalter von Smartphones und Apps simpel. Bevor wir zur Technik kommen, zunächst das Prinzip:

→ DIE BASICS-LISTE
Diese legst du nur einmal an und hältst sie künftig einfach up to date. Auf diese Liste kommen alle Dinge, die immer da sein sollten. Falls du nun ratlos bist, ist der Leftover-Vorratsschrank (siehe S. 140) ein guter Startpunkt. Klassiker hier sind etwa Butter, Milch und Pasta (und gerne auch Seife und Klopapier). Fällt dir im Alltag auf, dass irgendwas davon aus ist, markierst du es entsprechend in der App. Fertig. Dauert keine 30 Sekunden. Und wenn du das nächste Mal nach der Arbeit kurz in den Supermarkt springst, hast du immer einen guten Überblick. Fast ohne Aufwand.

→ DIE GROSSEINKAUFSLISTE
Hier kommt alles drauf, was du speziell für die nächsten Tage kaufen willst. Ich empfehle, eine Kleinigkeit zu essen, während du sie erstellst. Nicht umsonst sagt man immer, dass man nie mit leerem Magen einkaufen solle: Hungrige Shopper kaufen häufig Blödsinn. Gleiches Phänomen kenne ich von mir selbst auch beim Listeschreiben. Nun zum Erstellen der Liste. Hast du im Kopf (oder in den Rezepten vor dir), was du insgesamt benötigst, solltest du nun kurz checken, was davon bereits da ist. Ein Blick durch Schränke und Kühlschrank, im Abgleich mit deinen Ideen oder Rezepten, und du weißt, was du kaufen musst. Das kommt auf die Liste.

→ APPS FÜR EINKAUFSLISTEN

Kommen wir zur Umsetzung via App. In Frage kommen:

- Out of Milk (outofmilk.com)
- Evernote (evernote.com)
- Google Keep (keep.google.com)
- Wunderlist (wunderlist.com)

Bei Apps hat jeder eigene Vorlieben. Die genannten Apps können alles was du brauchst, um eine Basics-Liste zu führen und Großeinkaufslisten zu erstellen. Out of Milk, eine spezielle Einkaufslisten-App, hat ein paar besonders elegante Funktionen für die Basics-Liste. Die anderen Apps sind allgemein für Notizen und/oder Listen gemacht und reichen ebenfalls vollkommen (für die Basics-Liste einfach abhaken, was da ist und den Haken entfernen, wenn es benötigt wird).

Alle obigen Apps lassen dich die Listen mit anderen teilen. So kannst du die Basics-Liste gemeinsam mit allen Menschen im Haus pflegen. Außerdem kannst du kurzfristig eine Liste erstellen und das Besorgen delegieren. Obendrein bieten alle Apps ein Web-Interface – so kannst du die Liste bequem am Laptop erstellen.

Kurzum: Wenn du schon eine dieser Apps nutzt, nimm sie auch fürs Einkaufen. Wenn nicht, probiere einfach alle aus, um deinen Favoriten zu finden.

❹. IM GESCHÄFT

Ist die Einkaufsliste fertig, schnappst du dir im Bestfall noch ein paar Stoffbeutel und los geht's. Im Laden ist wichtig: Halte dich tatsächlich an den Einkaufszettel! Das heißt vor allem, dich nicht von den ganzen „Leckereien" verführen zu lassen, die optimal im Regal positioniert sind, um Spontankäufe auszulösen. Ebenso ist unglaublich wichtig, intakte Ware in den Einkaufskorb zu legen. Beispielsweise fangen Pilze unter ihrer Schutzfolie gerne mal an zu schwitzen. Sehr schnell schimmeln sie dann auch. Genaues Hingucken lohnt also, besonders bei abgepackten Frischwaren. Am besten kauft man natürlich erst gar kein in Folie abgepacktes Gemüse, sondern saisonale und regionale Stückware auf dem Wochen- oder Bauernmarkt – dann kannst du auch selbst schon entscheiden, wieviel du benötigst und kaufst nicht unnötig viel, weil die Packungsgröße vorgegeben ist. Und noch ein allgemeines Wort zu Verpackungen, aus Liebe zu unserer Umwelt: Wenn möglich, vermeide sie! Dafür musst du nicht gleich im „verpackungsfreien Supermarkt" einkaufen – auch im normalen Supermarkt gibt es immer mehr Produkte, die weniger Verpackungsmüll verursachen.

Ein letzter Tipp im Sinne der Langfristigkeit: Hast du Kinder, nimm sie mit zum Einkauf. Umso früher die Kleinen lernen, wie man sich und seine Einkäufe organisiert und bewusst durch den Supermarkt oder über den Wochenmarkt geht, desto besser! Gerade Märkte eignen sich zudem hervorragend, um Kindern mehr über unsere Lebensmittel zu vermitteln.

❺. EINKÄUFE VERSTAUEN

Bist du samt deiner Einkäufe wieder zu Hause, empfehle ich, den Kühlschrank leer zu machen, bevor du ihn wieder vollmachst. Das vereinfacht den Überblick zu bewahren und ist darüber hinaus die ideale Gelegenheit, ihn auch mal zu reinigen.

Mehr zum Thema Lagerung findest du ab Seite 16.

* LEBENSMITTEL *
RICHTIG LAGERN

Der achtsame Umgang mit Leftovern beginnt bei der Lagerung. Wenn du ein paar simpel umzusetzende Punkte beachtest, bleiben viele Produkte deutlich länger frisch. Für den ein oder anderen mag es banal klingen, doch ich stelle immer wieder fest, dass viele meiner Freunde, die nicht professionell mit Lebensmitteln zu tun haben, immer wieder Anfängerfehler begehen. Deshalb hier ein paar Basics zur Lagerung, die in vielen Haushalten ganz schnell helfen können, die Mülltonne zu entlasten.

Sauber = gut

Das A und O für eine lange Haltbarkeit von Lebensmitteln ist eine hygienisch einwandfreie Lagerung. Das gilt sowohl für Kühl- als auch Vorratsschrank. Ein feuchter Lappen ist also immer ein gern gesehener Gast an allen Orten, an denen du Lebensmittel aufbewahrst. Ganz besonders gilt das natürlich im Kühlschrank, da dort die schnell verderblichen Dinge stehen.

Der Kühlschrank

In vielen Kühlschränken sind kleine Symbole zu entdecken, etwa Schweine- oder Käsepiktogramme. Die haben zwar einen Sinn, werden jedoch anscheinend oft übersehen, zumindest den vielen Kühlschränken nach zu urteilen, die ich inspiziert habe. Dort steht oft alles kreuz und quer verteilt. Dabei hat ein Kühlschrank unterschiedliche Zonen für unterschiedliche Produkte. Wie im beheizten Wohnraum gilt auch im Kühlschrank: Wärme steigt immer nach oben. Da jedes Lebensmittel andere Anforderungen an die Temperatur hat, kann schon das bloße Kennen bzw. Beachten der Kühlschrankzonen Wunder wirken.

Gemüsefach – 6–8 °C

Ganz unten befindet sich das Gemüsefach. Mit 6–8 °C ist es, wie der Name schon sagt, der ideale Ort für Gemüse wie Gurken, Paprika oder Blattsalate, aber auch für temperaturempfindliche Obstsorten wie Erdbeeren, Heidelbeeren oder Himbeeren.

Unten – 0–5 °C

Der kälteste Bereich des Kühlschranks befindet sich ersten Bereich, über dem Gemüsefach. Am kühlsten ist es übrigens unmittelbar an der Rückwand. Dieser Bereich ist der ideale Platz für alles, was niedrige Temperaturen benötigt. Also besonders Fisch- und Fleischprodukte. Das ist ebenfalls der ideale Ort, um Lebensmittel schonend auftauen zu lassen.

Mitte – 4–5 °C

Eine Etage darüber wird es mit 4–5 °C schon etwas wärmer. Für Milchprodukte wie Joghurt, Käse und Co. ist dieser Platz eine richtige Wohlfühloase.

Oben – 8 °C

Im obersten Fach kann bei entspannten 8 °C alles gelagert werden, was kaum Kühlung benötigt. Dazu zählen etwa geöffnete Konserven wie Dosenmais, eingelegte Gurken oder Eingemachtes.

Tür – 10–15°C

Der wärmste Ort im Kühlschrank ist die Tür. Dort liegt die Temperatur in der Regel zwischen 10 und 15 °C. Damit ist so eine Kühlschranktür ein idealer Platz für robuste Produkte wie Eier (daher auch das Eierfach), Ketchup, Majo, Senf und Konfitüren. Als echter Buttervielfraß bin ich auch ein großer Fan davon, die Butter in der Tür zu lagern, da sie so gleich streichfähig aus dem Kühlschrank kommt. Macht aber nur Sinn, wenn man die Butter zeitnah verbraucht.

Tiefkühlfach
In den meisten handelsüblichen Kühlschränken ist heutzutage ein Tiefkühlfach integriert. Manche reichen gerade mal, um Eiswürfel und den Lappen für den Kater nach der Party tiefzukühlen, in anderen ist Platz für jede Menge Reste oder Vorgekochtes.

Die folgenden Dinge kannst du bedenkenlos einfrieren: Suppe, Saucen, Fonds, Eintöpfe, Fisch, Krustentiere, Brotreste, Ragout für Pasta, gegartes und ungegartes Fleisch (Braten), Knochen und Abschnitte für Brühen und Fonds (Gemüse, Fisch & Fleisch), Strudelteige, Blätterteige, Mehlspeisen wie Apfelstrudel, Rührkuchen, Brownies, Scheiterhaufen. Packe sie entweder in Gefrierbeutel oder, noch besser, in Plastikboxen. Und nicht vergessen, alles zu beschriften!

Was nicht in den Kühlschrank sollte
Während meiner Recherche in zahlreichen Kühlschränken bin ich auf so manch skurrilen Inhalt gestoßen. Darunter auch immer wieder Lebensmittel, die schlicht nicht in den Kühlschrank gehören:

- Kartoffeln (Geschmack verändert sich)
- Tomaten (verlieren das Aroma)
- Zitrusfrüchte (nehmen Platz weg)
- unreife Avocados (Kühlschranktemperaturen unterbrechen den Reifeprozess. Damit die zu harte Avocado nachreifen kann, darf sie nicht in den Kühlschrank. Reife Avocados hingegen sollten hinein.)
- exotische Früchte (sind kälteempfindlich)
- Zwiebeln (nehmen Platz weg)
- Rüben (allerdings bei nicht zu hohen Temperaturen)

Vorratsschrank
Wer einen richtigen Vorratsschrank hat, kann sich glücklich schätzen, zumindest wenn er in einer Großstadt wohnt. Denn betrachtet man die Wohnsituation in den meisten deutschen Großstädten, ist Platz für einen Vorratsschrank beinahe Luxus. Dennoch: Zumindest ein bisschen Platz solltest du dir für Trockenvorräte schaffen – zur Not in einem Regal. Was du dort lagern kannst und was stets darin sein sollte, steht auf Seite 140.

Einkellern
Wer einen kühlen, trockenen und dunklen Keller hat, hat was die Lagerung von Lebensmitteln angeht den Jackpot gewonnen. Denn hier kann alles (und noch mehr) hin, was sonst in einem Vorratsschrank Platz finden würde. Hervorragend eignet sich diese Art der Lagerhaltung zum Beispiel für: Karotten, Sellerie, Rüben aller Art, Kartoffeln, Zwiebeln (weiß / rot / Schalotten), Topinambur, Äpfel, Birnen, Kürbis und Meerrettich.

Geöffnete Verpackungen
Um einem Qualitätsverlust nach dem Öffnen einer Verpackung entgegenzuwirken, solltest du sie, sofern möglich, wieder ordnungsgemäß verschließen. Ansonsten heißt es: umfüllen. Einige luftdichte Behältnisse wie Plastikaufbewahrungsboxen oder Einmachgläser sind daher ein Must-have. Abhängig davon, wie lichtempfindlich ein Lebensmittel ist, sollte das Behältnis zudem blickdicht sein.

Munteres Resteschlürfen

LEFTOVER SOUPS

Suppen, Brühen, Eintöpfe. Sie alle sind echte Allzweckwaffen des Leftover-Kochs. Viele der in diesem Kapitel vorgestellten Rezepte wurden einst aus der Not geboren. Bis vor wenigen Jahrzehnten – also die längste Zeit der Menschheitsgeschichte – war Knappheit der Normalzustand. Daher waren unsere Vorfahren gewohnt, das Maximum aus allem zu holen, was sie zur Verfügung hatten. Der Suppentopf kam da gerade gelegen. Denn dort konnten sie alle Reste, inklusive der wenig ansehnlichen, kombinieren und ihnen noch das letzte bisschen an Geschmack und Nährstoffen entlocken.

Für den modernen Leftover-Koch hat sich daran wenig geändert. Einzig die Motivation ist eine andere: Statt vom Mangel getrieben zu sein, geht es uns um einen achtsamen und nachhaltigen Umgang mit unseren Ressourcen. Und, zugegeben, auch um den Spaß am Experimentieren.

OMAS TIPP

ABSCHNITTE UND SCHALEN SAMMELN

Gemüseabschnitte und -schalen lassen sich bis zu 10 Tage im Kühlschrank lagern und sammeln. Dazu gibst du die Reste einfach in ein unverschlossenes Behältnis, das du mit Küchenpapier auslegst. Anschließend bedeckst du das Ganze nochmals mit Küchenpapier. Wer also regelmäßig frisch (und in nicht allzu kleinen Mengen) kocht, kann auf diese Weise frische Brühen ohne Extrakosten zaubern.

GEMÜSESCHALEN-BRÜHE

Ich behaupte einfach mal: Die meisten Menschen entsorgen ihre Gemüseschalen und -abschnitte - also die Endstücke, die üblicherweise vorm Kochen entfernt werden - einfach im Müll. Doch eigentlich sind sie viel zu schade dafür. Denn in ihnen stecken jede Menge Nährstoffe und Aroma. Hier kommt meine Gemüseschalenbrühe ins Spiel. Wenn du deine eigenen Brühen oder Fonds ansetzt, kannst du die Aromapower deiner gesammelten Abschnitte und Schalen sinnvoll einsetzen - und das Ergebnis schlägt jeden Brühwürfel um Längen!

WAS DA SEIN SOLLTE:

→ **geeignete Gemüseschalen & -abschnitte***
→ **Karotten** (auch Schalen und Abschnitte)
→ **Zwiebeln** (auch Schalen und Abschnitte)
→ **Knollensellerie** (auch Schalen und Abschnitte)
→ **Gewürze** (siehe Gewürzfibel)
→ **Salz / Pfeffer**

OPTIONAL DAZU:

→ **Staudensellerie** (auch in Form von Abschnitten)
→ **Fenchel** (auch in Form von Abschnitten, sorgt für einen mediterranen Twist)
→ **Petersilienwurzel** (auch Schalen und Abschnitte)
→ **Pastinake** (auch in Form von Schalen und Abschnitten)
→ **Pilze**
→ **Tomaten**
→ **Lauch**

***ACHTUNG, DIESE SCHALEN SOLLTEST DU MEIDEN**

→ **Artischocken** (Bitterstoffe)
→ **Aubergine** (Bitterstoffe)
→ **Gurke** (gibt keinen Geschmack)
→ **Kohlrabi** (Bitterstoffe)
→ **Paprika** (Bitterstoffe)
→ **rote Zwiebeln** (verfärben die Brühe unschön)
→ **Zucchini** (gibt keinen Geschmack)

KLEINE WÜRZFIBEL:

FÜR GRUNDWÜRZE GEEIGNETE GEWÜRZE:

→ **Lorbeer**
→ **Nelke**
→ **Piment**
→ **Pfeffer** (ganz)
→ **Senfkörner**

Weitere Würzoptionen zur Erweiterung

→ **Wie bei Oma:**
Petersilie / Estragon / Wacholder

→ **Für den asiatischen Twist:**
Zitronengras / Ingwer / Galgant / Limettenblätter / Knoblauch / Korianderwurzel / grüner Pfeffer / Chili

→ **Für den orientalischen Twist:**
Anis / Zimt / Koriandersaat / Macis / Kardamom / Kumin / Bockshornklee

→ **Für den mediterranen Twist:**
Knoblauch / Rosmarin / Fenchelsaat / Thymian / Lavendel (Vorsicht: Nur ganz wenig und erst kurz vor Ende des Garvorgangs zugeben!)

ZUBEREITUNG:

1. Gemüseschalen und -abschnitte waschen und abtropfen lassen.
2. Große oder ganze Gemüsestücke grob würfeln.
3. Gemüse zusammen mit etwas Salz in den Topf geben, mit Wasser bedecken und aufkochen lassen.
4. Den Schaum mit einem Schaumlöffel abnehmen.
5. Gewürze dazugeben.
6. Ca. 1 Stunde bei geringer Hitze köcheln lassen.
7. Den Topf vom Herd nehmen und die Küchenkräuter ca. 10 Minuten dazugeben.
8. Brühe durch ein Sieb gießen.
9. Nach Belieben mit Salz und Pfeffer abschmecken.

UND JETZT?

Mit der Gemüseschalenbrühe hast du nun eine super Grundlage für sämtliche Gerichte, in denen du Brühe benötigst, zum Beispiel für Leftover-Gemüsesuppen (ab S. 33) oder Eintöpfe (ab S. 26).
Um deine Brühe für viele Monate zu lagern, kannst du sie entweder einwecken (siehe S. 91) oder in Kunststoffbehältern einfrieren. Im Kühlschrank hält sie sich mindestens 1 Woche.

Vor allem in der gehobenen Gastronomie wird viel Wert auf Brühen und Fonds gelegt. Möchtest du daheim dein persönliches Repertoire erweitern, hast du mit der Knochenbrühe (die du auch als Fond kochen kannst) eine super Möglichkeit, um ein neues Geschmackslevel zu erreichen. Denn in Knochen - ebenso wie in den Karkassen von Geflügel, Krustentieren und Fisch - steckt eine Menge Aroma. Zugegeben: Im durchschnittlichen Haushalt fallen nicht so viele Knochen und Karkassen an, wie in professionellen Küchen. Aber es gibt eben doch immer wieder Gelegenheiten. Zum Beispiel wenn du Gänsebraten, T-Bone-Steaks, einen Braten aus der Schulter, Shortribs, Spareribs oder eine Hähnchenkeule zauberst. Auch beim Kauf eines Schlachtpakets beim Bauern gibt es in aller Regel Knochen dazu. Statt diese einfach wegzuwerfen, kannst du damit künftig etwas Besseres anstellen: eine aromatische Knochenbrühe zaubern.

KNOCHENBRÜHE

SORTIERUNG UND VORGEHEN:

Aus den verschiedenen Knochen und Karkassen lassen sich unterschiedliche Brühen kochen. Während du bei Säugetierknochen nach Tierarten sortieren solltest, lassen sich Karkassen der einzelnen Fisch- und Geflügelarten wunderbar gemeinsam verarbeiten.

HIER EINE KLEINE ÜBERSICHT:

→ **Rind/Kalb:** alle Knochen sowie Sehnen und Fett
→ **Lamm:** alle Knochen sowie Sehnen und Fett
→ **Schwein:** alle Knochen sowie Sehnen und Fett
→ **Geflügel:** alle Karkassen und Knochen sämtlicher Geflügelarten sind gemeinsam nutzbar
→ **Schalen- & Krustentiere:** alle Karkassen gemeinsam nutzbar
→ **Fisch:** alle Karkassen gemeinsam nutzbar

Die Vorgehensweisen für die unterschiedlichen Brühen unterscheiden sich in einigen Arbeitsschritten.

OMAS TIPP

KNOCHEN UND KARKASSEN EINFRIEREN

Wenn du aus den Knochen bzw. Karkassen nicht sofort eine Brühe aufsetzen willst oder du nicht auf Anhieb genug Material hast, gibt es eine Lösung: einfrieren. Denn sowohl Knochen wie auch Karkassen behalten im Gefrierschrank ihr Aroma. Für ein einfaches System brauchst du nur ein paar beschriftete Gefrierbeutel.

RIND/KALB, LAMM, SCHWEIN UND GEFLÜGEL

WAS DA SEIN SOLLTE:

→ **entsprechende Knochen / Geflügelkarkassen**
→ **Karotten** (alternativ: Schalen und Abschnitte)
→ **Sellerie** (alternativ: Schalen und Abschnitte)
→ **Zwiebelschalen**
→ **Lorbeer**
→ **Piment**
→ **Wacholder**
→ **Senfsaat**
→ **Pfefferkörner**
→ **Koriandersaat**
→ **Petersilie** (alternativ: abgezupfte Stängel)

Man kann allerlei Schnickschnack beim Ansetzen der Brühe machen. Manche Bücher empfehlen z. B., die Knochen zu wässern und mehrfach kurz zu blanchieren und abzuschrecken, um den Knochen zu säubern, aber möglichst wenig vom wertvollen Geschmack zu verlieren. Das Ergebnis ist dann eine sehr klare Brühe. Ich für meinen Teil glaube, dass es zu Hause ausreichend ist, sich an ein paar kleine Grundsätze zu halten. Hier meine Empfehlung für den Hausgebrauch:

ZUBEREITUNG:

①. Knochen in einer Auflaufform im Backofen ca. 20 Minuten bei 165 °C (Ober-/Unterhitze) trocken schmoren. Hierbei ist darauf zu achten, dass der Knochen nicht zu dunkel geröstet wird, da sonst Bitterstoffe entstehen, die den Geschmack der Brühe negativ beeinflussen können. Weniger ist hier mehr.

②. Ganzes Gemüse in der Zwischenzeit grob würfeln.

③. Das in der Auflaufform gesammelte Fett entsorgen.

④. Knochen in einen großen Topf mit kaltem Wasser geben und bei mittlerer Hitze zum Kochen bringen.

⑤. Den entstehenden Schaum, der aus Trübstoffen und Eiweiß besteht, abschöpfen und entsorgen.

⑥. Die Gemüse(schalen) und Gewürze (außer Petersilie) dazugeben.

⑦. Die Brühe ca. 3–4 Stunden bei geringer Hitze kochen lassen. Sollten dabei weiterhin Trübstoffe aufsteigen, diese regelmäßig abschöpfen.

⑧. Kurz vor Ende der Kochzeit die Petersilie bzw. die Stängel hinzugeben.

TIPP Wenn du Eierschalen übrig haben solltest, kannst du sie ebenfalls mit in die Brühe geben. Sie binden das Eiweiß und noch vorhandene Trübstoffe und machen die Brühe somit klarer.

⑨. Alles durch ein Sieb passieren.

⑩. Wer statt einer Brühe einen Fond erhalten will, lässt die Brühe nun bei mittlerer Hitze um mindestens die Hälfte reduzieren.

KRUSTENTIERE

Abweichende Arbeitsschritte:
Die Karkassen werden in Schritt ① nicht geröstet, sondern bei 110 °C ca. 20 Minuten schonend im Ofen getrocknet. Es sollte keine Bräunung auftreten.
Weiter bei Schritt ④

Zusätzliche Aromaten:
In Schritt ⑥ hinzugeben: **Sternanis**, etwas **Sojasauce**
In Schritt ⑧ hinzugeben: **Zitronenabrieb** und **Thymian**

FISCHKARKASSEN

Abweichende Arbeitsschritte:
Fischkarkassen werden ohne Röstung bei ganz geringer Hitze ausgekocht. Also direkt bei Schritt ④ starten. Den aufsteigenden Eiweißschaum regelmäßig abschöpfen.

Zusätzliche Aromaten:
In Schritt ⑧ hinzugeben: **Zitronenabrieb**, **Estragon**, **Dill**, **Thymian**

UND JETZT?

Die Knochenbrühe ist eine wunderbare Basis für zahlreiche Rezepte, etwa Eintöpfe (ab S. 26), Schmorgerichte, Freestyle-Pasta (siehe S. 118), Suppen, Saucen und alle Fälle, in denen du die entsprechende Brühe (bzw. Fond) benötigst.

Um deine Brühe für viele Monate zu lagern, kannst du sie entweder einwecken (siehe S. 91) oder in Kunststoffbehältern einfrieren – Beschriftung nicht vergessen. Im Kühlschrank hält sie sich mindestens 1 Woche.

EINTOPF

Für meine Begriffe sind Eintöpfe das wohl großartigste und unterschätzteste Food-Genre zugleich. Zum einen ist der Eintopf extrem vielseitig und freut sich über jede Menge Leftover. Der Kreativität sind dabei kaum Grenzen gesetzt: Von urig-deftig bis zu mediterran-frisch – der Eintopf kann viele Formen annehmen. Zum anderen bietet er viel Geschmack mit relativ wenig Aufwand.

Als Basis für deinen Eintopf hast du im Bestfall eine Brühe oder einen Fond zur Verfügung. Ob Rind-, Kalb, Huhn- oder Gemüsefond spielt dabei im Grunde keine Rolle – nimm was immer im Haus ist. Zur Not tut es sogar einfaches Wasser. Ein weiterer wichtiger Bestandteil sind Hülsenfrüchte und Kartoffeln, denn die sorgen für die typische Sämigkeit des Eintopfs. Und hier hören die Regeln auch schon auf. Ab jetzt darf wild kombiniert werden. Unten erkläre ich dir, wie du jeweils vorgehst, um einen vegetarischen und einen fleischhaltigen Eintopf zu kochen. Und zum Abschluss verrate ich dir noch das Rezept für meinen persönlichen Lieblingseintopf, den Bairisch Stew.

OMAS TIPP

STAUDENSELLERIE

Besondere Erwähnung unter den Leftover-Gemüsen verdient der **Staudensellerie**. Denn er wird am Stück verkauft, doch der gewöhnliche Haushalt ist mit dieser Menge maßlos überfordert (so viel Bloody Mary kann kein Mensch trinken!). Zum Glück gibt es einen Trick, der auch schon ältere, schlaffe Stauden wieder aufpäppelt: Falls noch Wurzel an der Staude ist, schneide sie ab und stecke die Stiele in ein Behältnis voller eiskaltem Wasser.

Nach einigen Minuten wird der Sellerie so wieder knackig. Der gleiche Trick funktioniert übrigens auch mit **Blumenkohl**, **Spargel** und **Brokkoli**.

WAS DA SEIN SOLLTE:

getrocknete Hülsenfrüchte
(z. B. Linsen, Kichererbsen,
getrocknete grüne Erbsen, Kidneybohnen)

Gemüsebrühe
(am besten Gemüseschalenbrühe, siehe S. 20)

Kartoffeln
(zur Not kann man sie auch weglassen)

jegliches Leftover-Gemüse

Salz / Pfeffer

frische Küchenkräuter

Darüber hinaus kannst du den Veggie-Eintopf in puncto Würze entsprechend der kleinen Würzfibel (siehe S. 21) noch ausbauen.

ZUBEREITUNG:

1. Die Hülsenfrüchte über Nacht in reichlich kaltem Wasser einweichen (Verhältnis ca. 1:4).

2. Am Tag darauf die Hülsenfrüchte mit dem Einweichwasser in einen Topf schütten. Mit Gemüsebrühe verlängern, bis ein Verhältnis von etwa 1:3 (Hülsenfrüchte zu Flüssigkeit) erreicht ist. Gewürze hinzugeben.

3. Bei starker Hitze aufkochen lassen, die Temperatur auf mittlere Hitze reduzieren und köcheln lassen, bis die Hülsenfrüchte weich sind. Da die Gardauer zwischen den Hülsenfrüchten variiert, kann die Packungsangabe als Grundlage dienen, doch das sicherste Resultat liefert regelmäßiges Probieren.

Salz erst am Ende des Garvorgangs zugeben, da es die Garzeit von Hülsenfrüchten merklich verlängert. Verkürzen hingegen lässt sich die Garzeit der Hülsenfrüchte mit etwas Natron, das man dem Kochwasser hinzugibt (1 TL auf 1 l). Zudem fördert es die Bekömmlichkeit der Hülsenfrüchte.

4. In der Zwischenzeit Kartoffeln und das restliche Gemüse auf mundgerechte Größe zurechtschneiden.

5. Kartoffeln und ca. 10 Minuten später das restliche Gemüse in den Topf geben und alles zusammen weich kochen. Mit Salz und Pfeffer abschmecken. Mit Küchenkräutern abrunden.

TIPP Im Veggie-Eintopf kannst du tatsächlich jede Art von Gemüse verwerten, das du noch im Kühlschrank hast. Von A wie Aubergine bis Z wie Zucchini.

♥ MEINE
Lieblingsvarianten:

- Kichererbsen / Karotten / Blumenkohl
- Borlottibohnen / Austernpilze / Bambusschößlinge / Kartoffeln
- Berglinsen / Petersilienwurzeln / Zucchinis / Auberginen
- getrocknete grüne Erbsen / Tellerlinsen / Sojasprossen / Kokosmilch (statt Brühe)

♥ MEINE
Lieblingsvarianten:

- grüne Bohnen / Rinderbrust / Graupen / Meerrettich
- Grünkohl / Schweinebauch (oder Backe) / Karotten
- Wirsing / Lamm / Süßkartoffeln
- grüne Erbsen / Kassler / Staudensellerie / Lauch

FLEISCHANSATZ

WAS DA SEIN SOLLTE:

- **Karotten** (oder Abschnitte und Schalen)
- **Sellerie & Schalen** (oder Abschnitte und Schalen)
- **Suppenfleisch** (z. B. Rinderwade, dünnes Kronfleisch, Quer- oder Hochrippe)
- **ganze Zwiebel** (mit Schale)
  Fleisch und Karotte / Sellerie / Zwiebel (ca. im Volumenverhältnis 1:3)
- **Senfsaat**
- **Piment**
- **Pfeffer** (ganz)
- **Kartoffeln**
- **Gemüse-Leftover** (wie bei Veggie-Eintopf)
- **Petersilie**
- **Salz**

Weitere Würzoptionen findest du in der kleinen Würzfibel (siehe S. 21) beschrieben.

ZUBEREITUNG:

1. Karotten und Sellerie würfeln.

2. Das Suppenfleisch und Gewürze am Stück in einen Topf mit reichlich kaltem Wasser geben, bei starker Hitze aufkochen lassen und den entstehenden Schaum mit einer Schaumkelle abschöpfen. Karotten, Sellerie und die ganze Zwiebel dazugeben.

3. 2–4 Stunden bei mittlerer Hitze kochen lassen, bis das Suppenfleisch weich ist (nach 2 Stunden regelmäßig kontrollieren).

4. Fleisch herausnehmen, mit einem feuchten Küchentuch bedecken und ein wenig abkühlen lassen.

5. Die Brühe durch feines Sieb oder ein Passiertuch gießen und wieder in einem Topf auffangen.

6. Das Suppenfleisch klein zupfen. Weiteres Gemüse und Kartoffeln in mundgerechte Stücke schneiden.

7. Alles in den Topf mit der Brühe geben, einmal aufkochen lassen und bei mittlerer Hitze kochen lassen, bis das Gemüse weich ist und die Kartoffeln ausreichend Stärke und damit Bindung abgegeben haben.

8. Petersilie hacken und dazugeben. Mit Salz und Pfeffer abschmecken.

OMAS TIPP

HALTBARKEITSCHECK

In gastronomischen Betrieben arbeiten wir mit der First-in-First-out Regelung, um effizient zu wirtschaften. Sprich: Was zuerst den Weg in den Vorratsschrank findet, sollte auch als Erstes wieder verwendet werden. Für den Hausgebrauch empfehle ich eine Light-Version, die schon meine Oma genutzt hat: den regelmäßigen Haltbarkeitscheck. Im Kühlschrank ist dieser relativ häufig angebracht, doch auch in der Speisekammer und den Schränken macht es Sinn, einmal im Quartal zu schauen, was noch da ist und langsam weg sollte. Meine Oma, pfiffig wie sie ist, hat das übrigens immer mit Durchwischen kombiniert.

* LEFTOVER * GEMÜSESUPPEN

Die Gemüsesuppe ist, wie der Name schon sagt, das perfekte Gericht für sämtliche Gemüse-Leftover. Und das Beste: Wenn du ein paar Basics verinnerlichst, kannst du nahezu jede Gemüsesuppe im Handumdrehen kochen. Denn im Grunde musst du zum erfolgreichen Suppenkochen nur wissen, dass es Topfsuppen und Ofentopfsuppen gibt. Mit den Gemüsen der beiden Kategorien musst du in der Vorbereitung jeweils unterschiedlich vorgehen. Hast du das verinnerlicht, kannst du im Handumdrehen leckere Suppen zaubern.

* TOPFSUPPEN *

LOS GEHT'S!

So nenne ich alle Suppen, für die du nur einen Topf, eine Herdplatte und einen Pürierstab brauchst. Und natürlich Gemüse-Leftover. Für Topfsuppen eignen sich: Karotte, Tomate, Zucchini, Aubergine, Pilze, Paprika, Brokkoli, Lauch, Wirsing, Schwarzwurzel, Kohlrabi, Blumenkohl, Rotkohl, Sauerkraut.

WAS DA SEIN SOLLTE:

Zwiebel
Gemüse-Leftover
Pflanzenöl
Gemüsebrühe
(am besten Gemüseschalenbrühe, siehe S. 20, alternativ Wasser)
Sahne
Salz / Pfeffer

ALLGEMEINE ZUBEREITUNG:

1.
Zwiebel fein würfeln und Gemüse in größere Würfel schneiden (ausgenommen Blattgemüse, diese in etwa auf die Größe von 2-Euro-Stücken schneiden). Zusammen mit Zwiebeln in einem hohen Topf mit etwas Pflanzenöl anschwitzen.

2.
Mit kalter Brühe (zur Not auch einfach Wasser) im Verhältnis 1:2 auffüllen, einmal aufkochen lassen, Hitze reduzieren und Gemüse weich kochen lassen. Die Garzeit variiert von Gemüse zu Gemüse und hängt von diversen weiteren Faktoren ab – einfach hin und wieder mit einer Gabel testen (zu langes Kochen schadet aber auch nicht, da die Suppe ohnehin püriert wird).

3.
Ist sämtliches Gemüse weich, die Suppe mit dem Stabmixer pürieren. Einen Schuss Sahne zugeben und nochmals aufkochen lassen. Mit Salz und Pfeffer abschmecken.

ZUBEREITUNGSTIPPS PRO GEMÜSE:

Noch ein paar individuelle Tipps zur Zubereitung und zum Abschmecken der einzelnen Topfsuppengemüse:

Aubergine: Knoblauch (gemeinsam mit der Zwiebel anschwitzen), beim Pürieren ordentlich Butter zugeben, Thymian

Rotkohl: Mit Schweineschmalz statt Öl ansetzen, alternativ fertiges Rotkohl vom Vortag mit Wasser/Brühe aufkochen

Blumenkohl: Muskat, Butter beim Pürieren zugeben

Brokkoli: Muskat

Karotte: Petersilie, 1 Spritzer Zitronensaft

Kohlrabi: Muskat, Butter beim Pürieren zugeben

Lauch: Muskat, Butter beim Pürieren zugeben

Paprika: Paprikapulver und Tomatenmark (beim Anschwitzen zugeben), mit Weißwein ablöschen und einkochen lassen, dann Brühe zugeben

Pilze: Knoblauch (gemeinsam mit Zwiebel anschwitzen), beim Pürieren ordentlich Butter zugeben

Sauerkraut: fertiges Sauerkraut vom Vortag mit Wasser oder Brühe aufkochen, Thymian

Schwarzwurzel: Muskat, Butter beim Pürieren zugeben

Tomate: Thymian, Rosmarin, Basilikum

Wirsing: Muskat, Butter beim Pürieren zugeben

Zucchini: Thymian

* OFENTOPFSUPPEN *

Unter dem Begriff fasse ich alle Suppen zusammen, bei denen du das Gemüse im ersten Schritt in den Ofen geben musst. Je nach Gemüse dient dieser Schritt entweder dem Zweck, es vorzugaren oder aber das Gemüse zu entwässern. Wird er vergessen, verhindert der hohe Wasseranteil des Gemüses ansonsten, dass es in der Suppe sein volles Aroma entfaltet.

AUS DIESEN GEMÜSEN MACHST DU OFENTOPFSUPPEN:
Pastinaken, Petersilienwurzel, Fenchel, Sellerie, Süßkartoffel, Kürbis, Topinambur.

WAS DA SEIN SOLLTE:

Zwiebel
Gemüse-Leftover
Thymian
Brühe (siehe S. 20, alternativ Wasser)
Sahne
Salz / Pfeffer / Zucker

ON TOP

Willst du deiner Suppe noch das gewisse Etwas verpassen, kannst du sie zum Schluss noch mit einem Topping verfeinern. Auch hier gilt: Was schmeckt, hat recht!

→ Croûtons
→ frische Balkonkräuter
→ geröstete Kerne (z. B. Pinie, Kürbis, Walnuss)
→ 1 Schuss aromatisches Öl

ALLGEMEINE ZUBEREITUNG:

❶. Zwiebel fein würfeln und Gemüse in grobe Würfel schneiden.

❷. Gemüse zusammen mit Thymian, Zwiebeln, Salz, Pfeffer und 1 Prise Zucker in eine Auflaufform oder auf ein Backblech geben.

❸. Form bzw. Backblech mit Alufolie möglichst dicht verschließen und ca. 20 Minuten bei 170 °C (Ober-/Unterhitze) in den Backofen geben. Das Gemüse soll am Ende weich sein.

❹. 5 Minuten vor Ende des Garvorgangs die Alufolie entfernen und offen im Ofen belassen.

❺. Anschließend Gemüse aus dem Ofen holen, in einen Topf geben und mit Brühe (oder Wasser) im Verhältnis 1:1 auffüllen.

❻. Alles aufkochen lassen und anschließend im Topf pürieren.

❼. Einen Schuss Sahne zugeben und alles nochmals aufkochen lassen.

❽. Mit Salz und Pfeffer abschmecken.

ZUBEREITUNGSTIPPS PRO GEMÜSE:

Pastinaken: In Schritt 3 in Würfel geschnittene Birne(n) zugeben, alternativ Birnensaft in den Topf geben (Wassermenge entsprechend reduzieren)

Petersilienwurzel: In Schritt 3 in Würfel geschnittenen Apfel zugeben, alternativ Apfelsaft in den Topf geben (Wassermenge entsprechend reduzieren)

Fenchel: In Schritt 3 gewürfelte Orange(n) zugeben, alternativ Orangensaft in den Topf geben (Wassermenge dann reduzieren)

Topinambur: viel Butter

Sellerie: In Schritt 3 gewürfelten Apfel zugeben, alternativ Apfelsaft in den Topf zugeben (Wassermenge entsprechend reduzieren)

Süßkartoffel: Am Ende einen Schuss Zitronensaft zugeben

Kürbis: Kürbiskernöl

KARTOFFELSUPPE
* À LA LEFTOVER *

Es ist Sonntag und du hast außer Kartoffeln kaum was im Haus? Oder gab es im Supermarkt mal wieder nur viel zu große Kartoffelsäcke zu kaufen und nun vegetiert der halbe Sack in deinem Schrank vor sich hin? Kein Problem. Kartoffelsuppe ist ein Klassiker, der immer geht.

Auch eine größere Menge Kartoffeln kannst du wunderbar und bedenkenlos in Suppe verwandeln. Denn solange kein Milchprodukt im Suppenansatz ist, kannst du die Suppe ohne Probleme 5-6 Tage im Kühlschrank lagern. Damit dir auch am letzten Tag nicht langweilig wird, verrate ich noch ein paar leckere Varianten, die du auf Grundlage der Basissuppe zaubern kannst.

WAS FÜR DIE BASISSUPPE DA SEIN SOLLTE:

- Kartoffeln (mehligkochend; oder gekochte Kartoffeln vom Vortag)
- Wasser
- Majoran (frisch oder getrocknet)

ZUBEREITUNG:

1. Kartoffeln in Wasser im Verhältnis 1:2 weich kochen.
2. Alles zusammen mit dem Stabmixer pürieren.
3. Nochmals aufkochen lassen. Majoran zugeben. Fertig.

UPGRADE

Wenn es ein bisschen aufwendiger sein darf, gib einfach noch Sellerie, Karotte, Zwiebel, Petersilie, Muskat dazu. Sellerie, Karotte und Zwiebel bereitest du wie bei den Gemüsesuppen (ab S. 33) beschrieben vor und gibst sie mit den übrigen Zutaten zu den Kartoffeln.

EXTRA-TIPP

Ihr habt nur festkochende Kartoffeln über? Auch wenn deren Kocheigenschaften nicht die optimalen Voraussetzungen für Suppe mit sich bringen, kann man sie trotzdem dafür verwenden. Dazu solltet ihr die Suppe allerdings lediglich zerrühren, nicht pürieren. Andernfalls wäre das Ergebnis eine klebstoffartige Pampe, die auf dem Löffel nicht sehr appetitlich wirkt.

VARIANTEN

TOPPING:

Speckwürfel
Wiener Kraken (eingeschnittene Würstchen)
Schmorbratenreste

Einfach nach dem Pürieren zur
Suppe geben und heiß werden lassen.

VARIANTEN:

Habt ihr die Kartoffelsuppe einmal zubereitet,
könnt ihr sie als Basis für diese leckeren Varianten nutzen:

Kartoffel / Fenchel / Thymian
Kartoffel / Steinpilze / Thymian
Kartoffel / Kürbis / Thymian

Gemüse klein schneiden, in Pflanzenöl anschwitzen,
mit Brühe oder Wasser auffüllen (1:1) und weich kochen.
Thymian dazugeben und 10 Minuten ziehen lassen.
Thymian entfernen und das Gemüse pürieren. Danach zur Kartoffelsuppe
geben und einmal gemeinsam aufkochen lassen.

Kartoffel / Brokkoli / geröstete Mandelblätter und Fenchelsaat
Kartoffel / Lauch

Gemüse in kochendem Salzwasser blanchieren,
zur Kartoffelsuppe geben, zusammen pürieren und noch einmal
kurz aufkochen lassen. Mandeln und Fenchelsaat falls verwendet
vorm Servieren auf die Suppe streuen.

SOLJANKA

Was wäre ein Leftover-Kochbuch ohne eine Soljanka? Unvollständig! Denn der Klassiker der russischen Küche – der sich auch im Ostteil Deutschlands großer Popularität erfreut(e) – ist die ideale letzte Ruhestätte für Wurst- und Bratenreste.

WAS DA SEIN SOLLTE:

Zwiebel
Paprika
Wurst-/Fleischreste
(z. B. Jagdwurst, Fleischwurst, Lyoner, Regensburger, Kasseler)
Pflanzenöl
geschälte Tomaten
saure Gurken (und alle anderen Pickles, die der Kühlschrank hergibt)
Gurkenlake
Paprikapulver, edelsüß
Ketchup
Schmand oder Crème fraîche
Zitrone
Salz / Pfeffer

ZUBEREITUNG:

1. Zwiebel, Paprika und Wurst in feine Streifen schneiden (Verhältnis 1:1:1).
2. Alles zusammen in einem hohen Topf mit etwas Öl bei mittlerer Hitze anbraten.
3. Geschälte Tomaten pürieren und zusammen mit halb so viel Wasser (Verhältnis 2:1) dazugeben.
4. Bei geringer Hitze unter ständigem Rühren aufkochen und ca. 1 Stunde schwach köcheln lassen. Häufig umrühren.
5. Saure Gurken und ggfs. andere Pickles in mundgerechte Stücke schneiden und dazugeben. Einen Schuss der Gurkenlake unterrühren.
6. Mit Salz, Pfeffer, etwas Paprikapulver und ein wenig Ketchup abschmecken.
7. Zitrone halbieren und in so viele Spalten wie benötigt schneiden.
8. Soljanka in eine Suppentasse füllen und mit einem Löffel Crème fraîche oder Schmand garnieren. Mit Zitronenspalten servieren.

EXTRA-REZEPT

BAIRISCH STEW

MEIN LIEBLINGSEINTOPF

Bairisch Stew ist meine liebste Eintopfkreation und sozusagen mein Signature-Dish. Aufgebaut ist er um das Kronfleisch, die Mutter allen Suppenfleischs. Bis vor einigen Jahren war es mir noch völlig unbekannt, heute ist es aus meiner Küche kaum noch wegzudenken. Großartig an diesem Teilstück des Rinds ist nicht nur die Intensität des Geschmacks, sondern auch die relativ kurze Garzeit. Auch wenn hier nun ausnahmsweise genaue Mengen dabeistehen, musst du dich beim Gemüse nicht unbedingt daran halten.

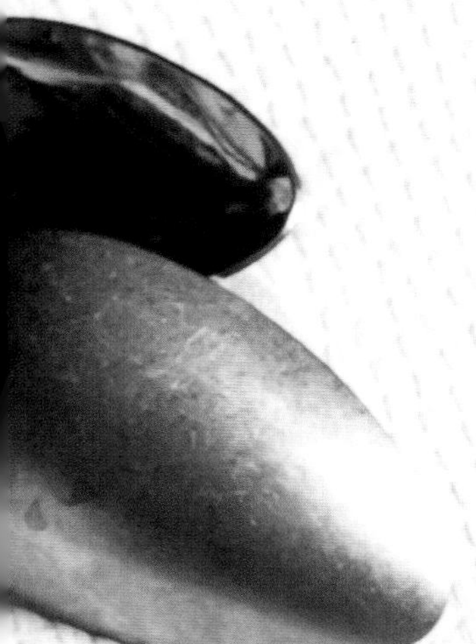

TIPP Für eine haushaltsübliche Menge Eintopf sollte ein Viertel Weißkohl genügen. Immer mehr Supermärkte verkaufen ihn bereits so portioniert. Hast du nur einen ganzen Kohl zur Hand, halten sich die übrigen Teile bei korrekter Lagerung aber zum Glück sehr lange. Im mit Küchenpapier ausgelegten Gemüsefach des Kühlschranks überlebt er problemlos einen Monat.

WAS DA SEIN SOLLTE: (Für 4 Personen):

ca. 700 g dünnes Kronfleisch
1 Zwiebel (ganz, mit Schale)
1 EL Senfsaat
1 TL Koriandersaat
4 Pimentkörner
4 Wacholderbeeren
1 TL Pfeffer (ganz)
2 Lorbeerblätter
3 Karotten
¼ Sellerie
5 Kartoffeln
½ Weißkohl
1–2 Senffrüchte
1–2 Thymianzweige
1 Bund Petersilie
Salz / Pfeffer

ZUBEREITUNG:

1. Kronfleisch mit Küchenpapier abtupfen. In einen Topf mit 4 l kaltem Wasser geben, aufkochen lassen und den entstehenden Schaum mit einem Schaumlöffel abschöpfen.

2. Die ganze Zwiebel, Senfsaat, Koriandersaat, Piment, Wacholder, den ganzen Pfeffer, Lorbeer und 3–4 Prisen Salz dazugeben.

3. Bei mittlerer Hitze ca. 2 Stunden kochen lassen. Das Kronfleisch ist fertig, wenn es sich problemlos auseinanderzupfen lässt.

4. Währenddessen Karotten, Sellerie und Kartoffeln schälen und in ca. 2 cm große Würfel schneiden. Den Weißkohl vierteln, den Strunk entfernen und in 3–4 cm große Stücke schneiden. Die Senffrüchte sehr fein hacken.

5. Das Kronfleisch herausnehmen und mit einem feuchten Küchentuch bedeckt ein wenig abkühlen lassen.

6. Die Brühe durch ein Sieb in ein anderes Gefäß passieren, den Topf auswischen und die Brühe wieder hineingeben.

7. Kronfleisch grob zerzupfen und in die Brühe geben. Gemüse ebenfalls dazugeben und bei mittlerer Hitze 20–30 Minuten weich kochen. Senffrüchte und den Thymian am Ende des Garvorgangs dazugeben.

8. Die Petersilie hacken. Die Suppe mit Salz und Pfeffer abschmecken sowie mit Petersilie garnieren.

* LEFTOVER-TYPEN *

WARUM LEFTOVERST DU?

Zeit, Geld, Nachhaltigkeit oder Kreativität – es gibt viele gute Gründe dafür, zu leftovern. Letztlich ist natürlich wurscht, was dich dazu antreibt, weniger Lebensmittel verkommen lassen zu wollen. Aufs Ergebnis kommt es an. Trotzdem ist es interessant, die unterschiedlichen Motivationen zu verstehen, aus denen Menschen leftovern. Vielleicht findest du ja noch ein paar neue Argumente, die dich darin stärken, selbst aktiv zu werden!? Daher stelle ich dir hier die vier Archetypen der Leftover-Köche und Köchinnen vor. Welcher Typ bist du?

❶. DIE BEWUSSTEN

Nachhaltiges Handeln ist die Hauptmotivation für die Bewussten. Sie wollen achtsam mit unserer Umwelt umgehen und kennen den Zusammenhang zwischen ihrer Mülltonne und dem großen Ganzen. Sie wollen weniger verschwenden, weil sie darum wissen, wieviel Arbeit und Ressourcen es gekostet hat, bis das Lebensmittel im Supermarkt steht. Sie leftovern, um ihren kleinen Beitrag gegen Welthunger, Raubbau an der Natur und Massentierhaltung zu leisten.

❷. DIE SPARFÜCHSE

Sparfüchsen ist ein Dorn im Auge, wenn ihr Geld in der Tonne landet. Wenn sie ihr hart verdientes Geld schon in Lebensmittel stecken, wollen sie auch das Maximum herausholen. Sie haben erkannt, dass sie mit einem gut gemanagten Haushalt bare Münze sparen können. Sehen sie Leftover, denken sie zunächst an deren wirtschaftlichen Gegenwert. Daher sind sie motiviert von der Vorstellung, dass jede halbe Hähnchenbrust, die sie nicht wegschmeißen, 2 Euro mehr in der Tasche bedeuten.

❸. DIE BEQUEMEN

Mehr Zeit und weniger Aufwand – das ist der heilige Gral der Bequemen. In ihren Augen ist es schlicht effizient, weniger wegzuwerfen. Denn so muss man seltener einkaufen und steht weniger in der Küche. Bleibt vom Braten etwas über, sind die Bequemen hocherfreut. Immerhin ist damit das Essen für morgen fast schon fertig. Leftovern ist für sie gleichbedeutend mit Arbeitsminimierung und mehr Zeit für das Wesentliche.

❹. DIE KREATIVEN

Die Kreativen wollen ausprobieren, herumspielen und Neues entdecken. Auch in der Küche. Rezepte sind nicht ihre Welt, viel lieber freestylen sie am Herd und lassen es auch mal drauf ankommen. Auf jeden Fehlgriff folgt schließlich eine leckere Entdeckung, die sie so noch nirgends gesehen haben. Liegen in ihrem Kühlschrank noch ein paar Leftover rum, verstehen sie das als Aufforderung zum Experimentieren.

LEFTOVER-MANIFEST

1. Leftovern ist eine Frage der Einstellung. Bewusster Umgang mit Resten beginnt mit dem richtigen Mindset. Wer verstanden hat, wie einfach es sein kann, nachhaltig und wirtschaftlich mit Lebensmitteln umzugehen, hat den ersten Schritt zum Leftover-Ninja getan.

2. Leftovern soll Kreativität fördern. Wer Überbleibsel nicht wegwirft, sondern weiterverarbeitet, nutzt seine Kreativität. Wer mit Leftovern kocht, kann seine Experimentierfreude im Alltag ausleben und regelmäßig Neues kreieren.

3. Leftovern will Kochkompetenz schaffen. Wer leftovert wird zu einem besseren Koch. Denn wer sich mit dem umfassenden Verarbeiten von Lebensmitteln beschäftigt, lernt dabei so einiges. Vom Verständnis einzelner Arbeitsschritte über Warenkunde bis zur Kombinierbarkeit von Zutaten.

4. Leftovern ist nachhaltig. Wer leftovert, schont unsere Ressourcen, weil weniger verschwendet wird.

5. Leftovern zeugt von Respekt. Wer bewusst mit Resten umgeht, zollt sowohl dem Erzeuger als auch dem Lebensmittel Respekt. In der modernen Supermarktwelt ist es leicht geworden, die Ehrfurcht gegenüber unseren Lebensmitteln und jenen, die sie herstellen, zu verlieren. Leftover-Köche haben sich den Respekt bewahrt.

6. Leftovern soll effizient sein. Leftovern spart Zeit und Geld. Wer weniger verkommen lässt, muss seltener und weniger kaufen. Es macht in vielerlei Hinsicht Sinn – nicht zuletzt wirtschaftlich.

7. Leftovern will organisierter machen. Wer sich dazu entschließt, weniger zu verschwenden, stellt schnell fest, dass ein gut organisierter Kühl- und Vorratsschrank dabei enorm hilft. Und das strahlt auf andere Lebensbereiche ab.

8. Leftovern ist politisch. Leftovern ist ein politisches Statement gegen Überproduktion und „Schlaraffenlandtum" auf Kosten anderer Länder, Menschen und der Natur. Die moderne Lebensmittelindustrie ist darauf aufgebaut, dass viel weggeschmissen wird. Denn sie profitiert, wenn wir neukaufen, nicht wenn wir aufbrauchen. Wer seinen Umgang mit Lebensmitteln bewusst verändert, setzt ein Zeichen dagegen. Machen das genug von uns, werden sich mit ein wenig Glück die Verkaufsstrategien ändern.

9. Leftovern trainiert zur Achtsamkeit. Achtsamkeit kann das geistige Wohlbefinden verbessern. Im Alltag geschieht Wegwerfen meist unbewusst. Wer leftovert, beginnt sich und sein Handeln zu hinterfragen – anfangs jedes Mal, wenn der Griff Richtung Mülleimer geht. Warum schmeiße ich das weg? Muss ich es wegschmeißen? Kann ich das evtl. anderweitig verarbeiten?

10. Leftovern soll die Instinkte stärken. Um erfolgreich zu leftovern, muss man sich mit Verfall und verschiedenen Qualitätszuständen befassen. Das heißt auch, seinen inneren Instinkten wieder Vertrauen zu schenken. Diese haben uns über Jahrtausende gute Dienste geleistet – unsere Vorfahren haben es immerhin ganz ohne Mindesthaltbarkeitsdatum bis an die Spitze der Nahrungskette geschafft - doch oft sind sie eingerostet. Dabei können sie in vielen Lebenslagen nützlich sein.

11. Leftovern pflegt Traditionen. Leftovern ist nicht neu. Zu wenig zu haben war für die längste Zeit der Menschheitsgeschichte Alltag. Deshalb war es in sämtlichen Koch-Traditionen rund um den Globus üblich, alles zu verarbeiten, was irgendwie verwertbar war. Erst in den letzten Jahrzehnten sind viele der Gerichte verpönt worden und dann in Vergessenheit geraten. Leftover-Köche hauchen ihnen neues Leben ein.

Vor ein paar Tagen gekauft, aber
trotzdem noch knackig

LEFTOVER SALATBAR

Salate sind wahrscheinlich die einfachste Möglichkeit, um sich seiner Leftover zu entledigen. Egal ob Gemüse-, Obst-, Brot- oder Bratenreste, sie alle finden Verwendung in einem Leftover-Salat. Der ist dann nicht nur gesund, sondern obendrein auch noch nachhaltig. Und freuen kannst du dich darüber alleine oder mit Freunden. Denn wenn sie einmal zubereitet und in Form gebracht sind, machen auch die nicht mehr ganz so fitten Lebensmittel wieder eine gute Figur.

Außerdem eigenen sich die meisten der hier vorgestellten Leftover-Salate auch bestens fürs Office-Lunchpaket. Denn sowohl Kichererbsen-Veggie-Bowl, Rote-Bete-Salat, Raspelkarotte oder auch der Brotsalat lassen sich ohne Weiteres schon am Abend für den nächsten Tag zubereiten. In Kunststoffbehältern bleiben sie über Nacht im Kühlschrank frisch und sind tags darauf eine tolle Alternative zur Leberkässemmel in der Mittagspause.

KICHERERBSEN-VEGGIE-BOWL

Die Kichererbse wird unterschätzt. Für viele ist sie wenig mehr als die Basis für Hummus. In Wahrheit jedoch kann sie deutlich mehr und macht in vielen Leftover-Kombinationen eine exzellente Figur. Für sie spricht auch, dass sie sich in getrockneter Form bestens lagern lässt. Somit gehört sie in den Vorratsschrank eines jeden Leftover-Kochs. In der Veggie-Bowl dient sie als Grundlage für die Gemüse-Leftover in deinem Kühlschrank.

WAS DA SEIN SOLLTE:

Kichererbsen
(getrocknet)

rohkosttaugliche Gemüse-Leftover
(siehe S. 53)

frischer Koriander

Weißweinessig

Pflanzenöl

Salz / Pfeffer

ZUBEREITUNG:

1.
Kichererbsen über Nacht einweichen (mind. 8 Stunden).

2.
Am nächsten Tag in ungesalzenem Wasser bei mittlerer Hitze ca. 1 ½ Stunden kochen. Die Kichererbsen sollten weich sein, aber noch etwas Restbiss haben.

3.
Gemüse waschen und auf gewünschte Größe schneiden. Koriander hacken.

4.
Kichererbsen abgießen und mit dem Gemüse in einer großen Schüssel mischen. Essig und Öl nach Geschmack dazugeben. Mit Salz und Pfeffer würzen.

5.
Koriander unterheben und anrichten.

GEMÜSESORTEN,
DIE DU ROH ESSEN KANNST

Rohkost ist kein neues Thema – und dennoch stelle ich immer wieder fest, dass nach wie vor viele Menschen dem Irrglauben unterliegen, Gemüse solle besser gegart sein. Dabei lässt sich eine Menge Gemüse bestens roh verzehren, insbesondere wenn du es in die richtige Schnittform bringst. Diese Liste verrät dir, welche Gemüse du bedenkenlos roh essen kannst – entweder im Salat oder einfach als schneller Snack zwischendurch.

GROB GESCHNITTEN

Brokkoli
Chicorée
Feldsalat
Fenchel
grüner Spargel
Gurke
junge Erbsen
Karotte
Kohlrabi
Mangold
Paprika
Radieschen
Rucola
Spinat
Sprossen
Staudensellerie
Tomate
Zuckerschoten

FEIN GESCHNITTEN ODER GERASPELT

Champignons
Rote und Gelbe Bete
Karotte
Kohl (in sehr feine Streifen schneiden oder reiben und mit Salz kneten)
Kürbis (reiben)
Teltower Rübchen

ROTE-BETE-SALAT

Rote Bete lässt sich lange lagern und ist deshalb ein idealer Begleiter für weitere Leftover. Übrigens ist die hier vorgestellte Zubereitung im Ofen meine Lieblingsart Rote Bete zuzubereiten. Das Ergebnis ist der gekochten Version um Längen überlegen. Das Salzbett entzieht der Bete ihre Flüssigkeit, wodurch ihr Geschmack deutlich intensiviert wird.

Der Rote-Bete-Salat kann bestens für sich stehen. Doch auch als Begleiter macht er sich gut, etwa zum Brotsalat (siehe S. 58) oder als gesunde Beilage zu allen Fleischgerichten etwa Roastbeef oder Braten(-resten).

WAS DA SEIN SOLLTE:

Salz (reichlich)

Rote Bete

Leftover-Gemüse und Obst
(s. Variationen Seite 57)

Aceto Balsamico

Olivenöl

Pfeffer

ZUBEREITUNG:

1. Backofen auf 160 °C (Ober-/Unterhitze) vorheizen.

2. Salz in einer Auflaufform oder auf einem Backblech zu einem etwa daumenbreiten Salzbett häufen.

3. Rote Bete auf das Salzbett geben und 1 Stunde im Ofen garen, bis sie weich ist.

4. In der Zwischenzeit Gemüse und Obst schneiden.

5. Rote Bete aus dem Ofen nehmen, kurz abkühlen lassen, schälen, in mundgerechte Stücke schneiden und in eine Salatschüssel geben.

6. Mit Essig, Öl, Salz und Pfeffer abschmecken.

VARIANTEN

PASSENDE LEFTOVER UND VARIATIONSMÖGLICHKEITEN:

Gemüse & Salate: sämtliche Blattsalate, Mangold, Meerrettich, Sauerampfer, Spinat, Staudensellerie

Obst: Apfel, Birne, Stachelbeere

Geröstete Nüsse und Kerne: Walnuss, Pinienkerne, Sesam (schwarz und weiß)

Sonstiges: Belugalinsen (gekocht), Gurken-Raita, Pumpernickel (gewürfelt), Schmand, Ziegenkäse

---

LEFTOVER²

Bleibt vom Rote-Bete-Salat selbst etwas über, lässt er sich auch wunderbar zur Suppe weiterverarbeiten. Dazu kochst du ihn mit ca. der doppelten Menge Wasser und pürierst alles.

* BROTSALAT * MIT ROASTBEEF

Wir werfen viel zu viel Brot weg.
Beginnend beim Bäcker, über die Gastronomie bis zum Endverbraucher landen alleine in Deutschland jedes Jahr zwei Millionen Tonnen(!) einwandfreies Brot und Backwaren im Müll.[1] Dass man sonntags 1–2 Brötchen pro Person gekauft hat, die beim Frühstück dann wortwörtlich weggingen wie warme Semmeln, ist heute bei vielen in einen inflationären Brötchen-Kaufrausch ausgeartet. Früher musste ich sonntags immer schon um 7 Uhr früh zum Bäcker, um Brötchen zu kaufen. Obwohl wir doch immer erst Stunden später gefrühstückt haben. Warum, dämmert mir erst heute: Es gab nur ein begrenztes Kontingent an Brötchen. War das verkauft, waren die Brötchen eben aus.

Heute werden hingegen so viele Semmeln gebacken, dass der Bäcker uns am Sonntag auch noch mittags problemlos mit allen Sorten versorgen kann. Ob er dann am Ende des Tages wegschmeißen muss, was nicht verkauft wurde, interessiert nicht. Vor allem nicht die Backwaren-Discounter. Das schmutzige Geheimnis der Auslage? Nur prall gefüllt gilt sie als ansehnlich.

Der Brotsalat ist eine von vielen Möglichkeiten, wie wir dieser exorbitanten Verschwendung Einhalt gebieten können.

[1] WWF Studie „Das Große Wegschmeißen“, 2015

WAS DA SEIN SOLLTE:

altbackenes Brot
Pflanzenöl
Rosmarin
Roastbeef (z. B. als Leftover vom Sonntagsbraten)
Tomaten
Basilikum
Kapern
Essig
Salz / Pfeffer

ZUBEREITUNG:

1. Backofen auf 180 °C (Ober-/Unterhitze) vorheizen.

2. Brot in mundgerechte Würfel schneiden und in einer feuerfesten Form mit etwas Pflanzenöl und Rosmarin vermengen. In den Backofen geben und 10–15 Minuten goldgelb backen.

3. Roastbeef in dünne Scheiben schneiden, die Tomaten achteln, das Basilikum und die Kapern hacken.

4. Alle Zutaten zusammen mit dem Brot zu einem Salat vermischen und mit Essig und Öl anmachen. Mit Salz und Pfeffer abschmecken.

ALTERNATIVEN:

Keine Tomaten im Haus? Kein Grund das Brot verkommen zu lassen! Jedwedes Gemüse eignet sich für den Salat. Zucchini, Paprika oder Aubergine kann man getrost etwas anbraten und dazugeben. Gemüse wie Kohlrabi, Karotten oder Gurke kann als Rohkost dazugegeben werden. Bei diesem Rezept muss kein Gemüse zurückbleiben. Auch eine oxidierte halbe Avocado freut sich über den Sprung in die Salatschüssel.

Oder kein Roastbeef über? Auch andere Fleischreste eignen sich hervorragend, insbesondere Kurzgebratenes. Und auch in der vegetarischen Variante muss sich der Brotsalat nicht verstecken.

OMAS TIPP

BROT VERWERTEN

- Einen Tag altes Brot kann problemlos regeneriert werden, indem man es mit etwas Wasser beträufelt und im Ofen kurz aufbackt.
- Altes Brot einfrieren und zu gegebener Zeit wieder auftauen, um einen herrlichen Brotsalat zuzubereiten.
- Die einfachste Lösung ist, sich aus den Resten des Brotes eigenes Paniermehl herzustellen, um es dann für Schnitzel oder in Frikadellen weiterzuverarbeiten.
- Auch als Croûtons für Suppe findet altes Brot Verwendung.
- Hauchdünn aufgeschnitten und mit etwas Olivenöl gebacken als Snack für den Abend oder als Aufwertung des Salats.

OMAS TIPP

ROHEN SCHINKEN RICHTIG LAGERN

Ein roher Schinken macht am meisten Freude, wenn man ihn am Stück hat – und am besten kein allzu kleines. So wird der Schinken nicht trocken, sondern mit der Lagerung sogar noch besser. Die Kunst ist nur, ihn richtig zu lagern. Ideal wäre natürlich, ihn in einen Reifeschrank zu hängen. Doch der ist im durchschnittlichen Haushalt in den seltensten Fällen zu finden.

Zum Glück gibt es eine gute Alternative für die Küche daheim: Packe den Schinken in einen Leinenbeutel und lege ihn auf eine Glasplatte. Diese muss nicht unbedingt im Kühlschrank sein, jeder andere dunkle, kühle Ort tut es auch. Der Leinenbeutel ist einerseits atmungsaktiv und hält gleichzeitig die Feuchtigkeit von der Ablagefläche fern, was vor Schimmel schützt.

GEMÜSERESTE-SALAT

Besonders im Sommer ist ein Gemüserestesalat die optimale Lösung, um im Gemüsefach wieder Platz zu schaffen.
Hier eine halbe Paprika, da ein Zucchiniviertel, dazu schon etwas runzelig gewordene Karotte und ein bis zwei Tomaten, vermischt mit ein wenig Rucola oder Eisbergsalat, der seine besten Tage vielleicht auch schon hinter sich hat. Fertig ist Gemüserestesalat!

WAS DA SEIN SOLLTE:

Gemüse-Leftover

Pflanzenöl

Thymian und/oder Rosmarin

Knoblauchzehe

natives Olivenöl zum Anmachen

Blattsalat-Leftover

Hartkäse

ZUBEREITUNG:

❶.
Gemüse in Streifen
oder Scheiben schneiden.

❷.
Anschließend das Gemüse in etwas Pflanzenöl
zusammen mit dem Thymian/Rosmarin und der Knoblauchzehe kurz
im eigenen Saft dünsten lassen (das Gemüse sollte knackig bleiben).

❸.
Gemüse in eine Schüssel füllen, salzen und
pfeffern, mit reichlich Olivenöl übergießen und
etwas abkühlen lassen.

❹.
Blattsalat(e) waschen und, je nach verwendeter Sorte,
entweder in Streifen schneiden (Kopfsalat / Romana / Radicchio / Zuckerhut)
oder aber ganz belassen (Rucola / Babyspinat / Feldsalat).

❺.
Den Salat auf einen Teller geben,
das Gemüse darauf verteilen und den Hartkäse
darüberraspeln.

DIESE GEMÜSE MACHEN SICH BESONDERS GUT IM GEMÜSERESTESALAT:

Zucchini **Aubergine** **Tomate** **Karotte** **rote Zwiebeln** **Paprika**
Fenchel **Brokkoli** **Kohlrabi** **grüner Spargel** **Staudensellerie**

OMAS TIPP

SALAT LAGERN

Ähnlich wie viele Gemüse hält sich Salat länger, wenn du ihn in feuchte Abtrockentücher wickelst. Meine Oma bevorzugte noch eine etwas andere Methode.

Nach dem Einkauf zerlegte und putzte sie den Salatkopf und gab die Blätter anschließend in eine Plastiktüte. Diese pustete sie ein bisschen auf, machte einen Knoten und legte das so präparierte Päckchen ins Gemüsefach ihres Kühlschranks. Mit dieser Methode bleibt der Salat mehrere Tage frisch und knackig.

LIEGT DER SALAT SCHON EIN PAAR TAGE IM KÜHLSCHRANK UND MACHT EINEN SCHLAFFEN EINDRUCK?
Kein Grund, ihn gleich zu entsorgen! Denn schlapper Salat lässt sich wunderbar wieder aufpäppeln, indem man ihn ca. 20 Minuten in kaltes Wasser gibt. Da er ohnehin gewaschen werden muss, lassen sich so gleich zwei Fliegen mit einer Klappe schlagen.

Für beste Ergebnisse gib ein bisschen Zucker und/oder einen Schuss Zitronensaft dazu. Als Behältnis eignet sich übrigens das Spülbecken bestens.

RASPEL-KAROTTE

Raspelkarotte ist ein unfassbar simples Essen, aber einfach lecker. Bevor deine Karotten weiter im Gemüsefach vor sich hinwelken, kannst du sie mit ein wenig Mühe raspeln und in einen wunderschönen Salat verwandeln.

Einfach alle Zutaten in eine Schüssel werfen, durchmischen, fertig. Hier ein paar Möglichkeiten:

EISBERG-KAROTTE
- geraspelte Karotte
- in Blätter geschnittener Eisbergsalat
- Zitronensaft
- Salz / Pfeffer / Zucker
- Pflanzenöl

RUCOLA-KAROTTE
- geraspelte Karotte
- Rucola
- Olivenöl
- geröstete Pinienkerne

SESAM-KAROTTE
- geraspelte Karotte
- gerösteter Sesam (schwarz, weiß)
- Fischsauce
- Salz / Pfeffer / Zucker
- Zitronensaft
- gehackte Chilis

KÜRBIS-KAROTTE
- geraspelte Karotte
- geraspelter Hokkaidokürbis
- geröstete Kürbiskerne
- Kürbiskernöl

PAPRIKA-KAROTTE
- geraspelte Karotte
- Paprika-Julienne
- geräuchertes Paprikapulver
- Cayennepfeffer
- gehackte Petersilie (glatt)
- gebratene Speckstreifen oder Würfel

OMAS TIPP

ZU VIELE GESCHÄLTE KAROTTEN?

Hast du etliche Karotten geschält und dann festgestellt, dass du gar nicht so viel verarbeiten kannst? Dann ist die Küchenrolle dein Freund! Feuchte einfach ein paar Blatt an und wickele die Karotten darin ein. Mit einem Gummiband fixierst du das Paket und packst es in deinen Kühlschrank. So gelagert, halten sich die Möhrchen mindestens 3 Tage.

OSTERSOLEIER

Nicht nur zu Ostern, aber vor allem dann, haben wir häufig mehr gekochte Eier, als wir in einem Frühstück vertilgen können. Grundsätzlich hält sich bereits das hart gekochte, nicht abgeschreckte Ei im Kühlschrank ein paar Wochen. Noch länger kannst du Eier aber haltbar machen, wenn du daraus Soleier machst. Denn dank der Salzlösung, in der sie hergestellt werden, wird das Ei konserviert und ist anschließend – auch außerhalb des Kühlschranks – bestens lagerfähig.

Die Haltbarkeit von Soleiern ist dabei schon fast Ansichtssache. Soleier sind aber auch nach mehreren Monaten noch genießbar. Nach etwa einem Monat in der Salzlake verfärbt sich das Eigelb allerdings grün oder blau und fängt an, leicht nach Schwefel zu riechen. Diese Reifung ist durchaus gewollt und macht das Ei bei Kennern erst richtig beliebt. Persönlich bin ich ganz bei den Kennern und esse meine Soleier auch noch etliche Wochen nachdem ich sie eingelegt habe mit Genuss.

Natürlich kannst du Soleier nicht nur aus Ostereiern machen, sondern immer dann, wenn du mehr Eier im Haus hast, als du in nächster Zeit verbrauchen kannst.

WAS DA SEIN SOLLTE:

hart gekochte Eier

60 g Salz
auf 1 Liter Wasser

Pfeffer (ganz)
Weißweinessig
(Verhältnis Essig zu Wasser ca. 1:6)

Senfsaat und/oder Koriandersaat
Chili
Piment
Dill
Estragon

ZUBEREITUNG:

❶. Die Eierschale ringsherum anschlagen, sodass sie rissig ist, jedoch nicht abblättert.

❷. Eier nacheinander in ein passendes, luftdicht verschließbares Weckglas geben.

❸. Die restlichen Zutaten, außer Dill und Estragon, zusammen in einem Topf aufkochen.

❹. Dill und Estragon im Glas verteilen.

❺. Den heißen Sud in das Glas füllen und dieses verschließen.

❻. Damit der Sud den Geschmack an die Eier abgeben kann, sollte das Glas mindestens 2–3 Tage ungeöffnet bleiben.

❼. Gegessen wird das Solei dann in der Regel mit etwas Senf.

OMAS TIPP

GEKOCHTE EIER HALTEN WOCHEN

Hast du mal wieder Eier im Kühlschrank, die sich schneller dem Ende ihrer Haltbarkeit nähern, als du es schaffst, sie zu verbrauchen?

Dann bietet sich zunächst der Wassertest an, um herauszufinden, ob die Eier noch gut sind:
Nimm ein Glas und fülle es mit Wasser, gib die Eier mithilfe eines Löffels hinein, jedes Ei, das zu Boden sinkt, ist noch gut.

Alle positiv getesteten Eier kannst du nun bedenkenlos hartkochen und so 2 Wochen im Kühlschrank lagern. Von Brot bis Salat macht sich so ein gekochtes Ei deutlich besser, als das rohe Ei im Müll. Aber Achtung: Das Ei nicht abschrecken. Durch den Kälteschock können kleine Risse in der Schale entstehen, die das Ei anfällig für Bakterien machen.

Perfekte Begleiter für Reste

LEFTOVER DIPS

Dips sind einer der kreativsten Wege, um seine Leftover zu verbrauchen. Zum einen lassen sich aus vielen Resten sehr unkompliziert leckere Dips herstellen. Außerdem sind Dips ein perfekter Veredler für andere Leftover, etwa als Begleiter zu Rohkost aus Gemüse-Leftovern, als Grundlage auf deinem Lieblingsbrot oder als Kumpir-Topping (siehe S. 114). Und wenn du mal besonders viele Reste verbrauchen musst, sind Leftover-Dips ebenfalls die perfekte Lösung: Bereite einige Dips vor, dazu Pommes oder Chips und lade ein paar Freunde ein – zum Beispiel unter dem Vorwand Filmeabend. Fertig ist die Leftover-Party.

Baba Ganoush ist ein Klassiker der arabischen Küche, dessen Ursprung wohl in der Levante-Region liegt. Außerdem ist der Dip die perfekte Antwort auf die Frage, was man denn mit der nur halb verbrauchten Aubergine anstellen soll. Die auf den folgenden Seiten vorgestellte Variante setzt auf den Backofen zum Garen der Auberginen, was für den Hausgebrauch zweckdienlich ist. Noch besser wird dein Baba Ganoush allerdings, wenn du mit Feuer arbeiten kannst, um Raucharomen zu erzeugen. Wer einen Grill oder einen Gasherd zur Verfügung hat, kann die Aubergine stattdessen direkt über der Flamme rösten.

Eine weitere Alternative ist, nach dem Ofen mit einem Flambiergerät zu arbeiten, um dem Baba Ganoush einen extra Aroma-Kick zu verpassen.

BABA GANOUSH

WAS DA SEIN SOLLTE:

Aubergine
(mindestens ½)

Pflanzenöl
frischer Thymian
Knoblauch
Zwiebel
Butter
Salz / Pfeffer

Optional:
Minze oder Petersilie

ZUBEREITUNG:

1. Backofen auf 220 °C (Ober-/Unterhitze) vorheizen.

2. Auberginen waschen, halbieren und mithilfe eines kleinen Messers Rauten in das Fruchtfleisch schneiden. Dabei darauf achten, die Haut nicht zu verletzen.

3. Mit der Hautseite nach oben auf ein Backblech legen, mit Öl beträufeln, ein paar Zweige Thymian und angedrückte Knoblauchzehen dazugeben.

4. Im Ofen ca. 45 Minuten garen lassen, bis die Auberginen schwarz und von außen regelrecht verkohlt sind.

5. Das Fleisch der Aubergine sollte nun weich sein und sich leicht mit einem Löffel von der Schale lösen lassen.

6. Gesamtes Fruchtfleisch aus der Schale lösen und in grobe Stücke schneiden.

7. Zwiebel schälen, in Scheiben schneiden und in etwas Öl anschwitzen.

8. Auberginenfleisch dazugeben und unter ständigem Rühren anschwitzen.

9. Alles zusammen pürieren, dabei reichlich Butter unterarbeiten.

10. Mit Salz und Pfeffer abschmecken.

11. Falls verwendet: Kräuter hacken und untermischen.

HUMMUS

Die Zutaten für Hummus sind Standard im gut sortierten Leftover-Vorratsschrank (siehe S. 140). Häufen sich im Kühlschrank die Gemüse-Leftover, ist ein Schälchen hausgemachter Hummus und eine große Rohkostplatte alles, was man braucht, um mich glücklich und den Kühlschrank zur leftoverfreien Zone zu machen.

WAS DA SEIN SOLLTE:

Kichererbsen
(getrocknet)

Tahin

Kumin

Zitronensaft

Knoblauch

Salz / Pfeffer

Olivenöl
zum Servieren

ZUBEREITUNG:

❶.
Kichererbsen über Nacht einweichen.

❷.
Das Einweichwasser wegschütten und die Kichererbsen weich kochen.

❸.
Sobald sie weich sind, Tahin, Kumin, frisch gepressten Zitronensaft sowie etwas gehackten Knoblauch zugeben und alles zusammen 5 Minuten weiterköcheln lassen.

❹.
Mit Salz und Pfeffer abschmecken.

❺.
Pürieren, in eine Schüssel geben und mit Olivenöl beträufeln, sodass es vollständig damit bedeckt ist.

JOGHURT

* DIPS *

Joghurt oder ähnliche Molkereiprodukte wie Quark, Sauerrahm oder Crème fraîche eignen sich wunderbar als Grundlage für viele Dip-Variationen. Ein angebrochenes Glas Joghurt, ein paar Gewürze und vielleicht das ein oder andere Leftover ergeben so einen wunderbaren Begleiter zu Salzkartoffeln, Kumpir oder einfach einer Scheibe Brot.

WAS DA SEIN SOLLTE:

Je nach individueller Vorliebe:
Joghurt, Quark, Sauerrahm oder Crème fraîche

Zitronensaft

Salz / Pfeffer / Zucker

①.
Milchprodukt der Wahl
in eine Schüssel geben und cremig rühren.

②.
Salz, Pfeffer, Zitronensaft und eine Prise
Zucker dazugeben und alles gut vermischen.

♥ MEINE LIEBLINGSVARIANTEN:

Gerösteter Sesam:
→ unter den Dip rühren

Karotte:
→ raspeln, unter den Dip rühren

Knoblauch, Gurke:
→ Knoblauch sehr fein hacken
→ Gurke raspeln, beides unter den Dip rühren

Getrocknete Tomate, Olive:
→ Getrocknete Tomaten und Oliven fein hacken und unterrühren

Räucherfisch, Dill:
→ Räucherfischreste fein schneiden
→ Dill hacken, unterrühren

* SALSA *

Wer noch ein paar Tomaten rumliegen hat,
kann daraus ganz einfach eine frische Salsa machen.
Und die macht sich wunderbar als Begleiter zu einer
Tortilla (siehe S. 96), in Wraps oder einfach
mit ein paar Chips.

WAS DA SEIN SOLLTE:

Zwiebel
Chili
Tomaten
(gern reif bis überreif!)
Paprikaschote
Pflanzenöl
Ingwer
Thymian
Salz / Pfeffer/ Zucker

1. Zwiebel würfeln, Chili fein hacken, Tomaten und Paprika würfeln.

2. Zwiebelwürfel in einem Topf in Pflanzenöl glasig dünsten. Die restlichen Zutaten zugeben und 5 Minuten bei mittlerer Hitze im eigenen Saft schmoren. Danach weitere 5 Minuten bei geringer Hitze schmoren, dabei häufiger umrühren.

3. Währenddessen Ingwer schälen und dazureiben. Alles mit Salz, Pfeffer und Zucker abschmecken, vom Herd nehmen und in ein Behältnis füllen.

4. Thymianzweig dazugeben und nach 10 Minuten entfernen.

5. Abgekühlt servieren.

CHUTNEYS

Die Grundzutat eines Chutneys ist immer reifes Obst oder Gemüse, denn im reifen Zustand bringt es etwas mehr Süße mit sich. Leftover, die schon etwas an Substanz verloren haben, sind somit die perfekte Grundlage für Chutneys.

Meine Herangehensweise an Chutneys ist im Prinzip immer sehr ähnlich:

WAS DA SEIN SOLLTE:

rote Zwiebel

reifes Obst oder Gemüse

Pflanzenöl

Chili (nach Gusto)

Trockenobst (z. B. Sultaninen)

Kumin

Zitronensaft

geröstete Pinienkerne

frische Minze

Salz / Zucker (nach Gusto)

ZUBEREITUNG:

1. Zwiebel schälen und in 1 cm große Würfel schneiden.
2. Obst in grobe Würfel schneiden (falls notwendig vorher von Schale und etwaigem Kernen befreien).
3. Zwiebel in etwas Öl bei geringer Hitze anschwitzen und glasig dünsten.
4. Chili hacken und dazugeben.
5. Obst und Trockenobst dazugeben und alles im eigenen Saft vor sich hin köcheln lassen.
6. Geröstete Pinienkerne dazugeben.
7. Mit Zitronensaft, etwas Kumin, Salz und Zucker abschmecken.
8. Minze fein hacken und unterheben.

MEINE LIEBLINGSKOMBIS

Apfel / Birne / Mango / Rhabarber / Papaya (Kumin, Rosinen)
Zwiebel / Gurke / Tomaten / Kürbis / Karotte

AIOLI

WAS DA SEIN SOLLTE:

Knoblauch Mayonnaise Z tronensaft Salz

①.
Knoblauch fein hacken, mit dem Salz mischen und mit der Längsseite eines stabilen Küchenmessers auf einem Brett kräftig zerdrücken, bis der Knoblauch seine Struktur verloren hat und eine zähe Masse entstanden ist.

②.
Knoblauch-Salz-Mischung unter die Mayonnaise heben. Mit Zitronensaft abschmecken.

Die Aioli hält sich im Kühlschrank ca. 1 Woche.

VARIANTEN

Mandarine, Apfel:
Mandarine schälen, grob hacken, Apfel reiben und beides unter die Aioli heben.

Kapern:
Kapern hacken und unterheben.

Hart gekochtes Ei, saure Gurke, Paprikapulver, edelsüß:
Ei hacken, Gurke würfeln und unterrühren. Eine Prise Paprikapulver hinzugeben.

Limette, Koriander:
Den Zitronensaft durch Limettensaft ersetzen, den Koriander sehr fein hacken, mit etwas Limettensaft verrühren.

Limette, Avocado:
Den Zitronensaft durch Limettensaft ersetzen, Avocadofleisch wahlweise grob zerdrücken oder fein pürieren und unter die Aioli heben.

Ingwer, Soja, scharfe Sauce:
Ingwer schälen und durch die Knoblauchpresse drücken. Gemeinsam mit ein wenig Sojasauce und etwas scharfer Sauce (z. B. Sambal Oelek) unter die Aioli heben. Optional mit frisch gehacktem Koriander garnieren.

* PESTO *

oder die ultimative Allzweckwaffe bei Salatresten

Wer an Pesto denkt, dem fällt wahrscheinlich zu allererst der Klassiker ein: Basilikum-Pesto. Danach kommen einem vielleicht noch Tomaten- und Petersilien-Pesto in den Sinn. Was die wenigsten wissen: Grundsätzlich lässt sich so ziemlich jeder Salat und sonstiges Grünzeug, das einem im Kühlfach über den Weg läuft, in ein Pesto verwandeln. Und weil Pesto ziemlich lange haltbar ist, handelt es sich beim Zubereiten um eine lebensverlängernde Maßnahme, deren Ergebnis sich schmecken lassen kann.

DER KLASSIKER

WAS DA SEIN SOLLTE:

Pinienkerne

Basilikum

Olivenöl

Parmesan

ZUBEREITUNG:

❶.
Pinienkerne in einer Pfanne bei geringer Hitze und unter ständigem Schwenken Farbe annehmen lassen und zum Abkühlen beiseitestellen.

❷.
Basilikum waschen, grob zerzupfen und in den Mixer geben. Olivenöl dazugeben.

❸.
Parmesan fein reiben, ebenfalls in den Mixer geben und die Masse mixen, bis sie die gewünschte Konsistenz erreicht hat. Ggfs. weiteres Olivenöl zugeben.

❹.
Pinienkerne zum Schluss ebenfalls zugeben und kurz mixen. Sie sollen nicht so fein werden, wie die im Vorfeld gemixten Zutaten, da Pinienkerne eine unangenehme Bitternote entfalten können, wenn sie zu fein zermahlen werden.

Basierend auf dem Klassiker gibt es nun verschiedene Variationen. Dafür einfach die Zutaten aus dem Basisrezept ersetzen – die grundsätzliche Zubereitung bleibt stets identisch.

VARIANTEN

Walnusskerne / Feldsalat / Olivenöl / Parmesan

Leinsamen / Kopfsalat / Olivenöl / Pecorino

Mandeln / Rucola / Olivenöl / Parmesan

Walnusskerne / Babyspinat / Olivenöl / gereifter Ziegenhartkäse

Mandeln / Radicchio / Sonnenblumenöl / Olivenöl / Pecorino

LEFTOVER-RETTER:
KONSERVIERT STATT ENTSORGT

Konservierung ist ein uraltes Thema. Die unterschiedlichen Verfahren ermöglichten unseren Ahnen, sich über lange, harte Winter (oder Seefahrten) hinweg mit Gemüse und den darin enthaltenen Nährstoffen zu versorgen. Heute sind sie eine tolle Möglichkeit, Leftover kreativ zu nutzen – und ihnen dabei ganz neue Geschmacksdimensionen zu entlocken. Nicht zuletzt deshalb erfreuen sich diese Methoden der Haltbarmachung heute wieder wachsender Beliebtheit, selbst in der Spitzenküche.

Als ich vor einigen Jahren anfing, mich bewusst mit dem Thema Leftover zu beschäftigen, war es also nur logisch, dass ich mich auch fürs Einwecken, Fermentieren und Co. interessierte. Natürlich probierte ich das ein oder andere direkt aus. Ergebnis dieser Erfahrungen: Einige Methoden sind bestens für den Hausgebrauch geeignet. Gute Nachrichten also für unsere Reste!

EINWECKEN

Einwecken ist eine großartige Erfindung. Willst du mit Bedacht auf Vorrat kochen und hast etwas Platz im Keller oder Vorratsschrank, gehört es zum Grundhandwerkszeug. Von Tomatensugo über Ragouts und Fonds bis zu Suppen – all dies lässt sich prima einwecken. Derart konserviert nimmt das Essen keinen Platz im Gefrierfach weg und verbraucht nicht unnötig Energie. Das Problem ist nur: Heute weiß kaum mehr jemand, wie Einwecken funktioniert. Dabei ist es super simpel!

Die hier vorgestellte Methode bezieht sich aufs Konservieren von gegarten Speisen, nicht aufs Einkochen von Marmeladen oder rohem Obst bzw. Gemüse.

WAS DU EINWECKEN KANNST:

Grundsätzlich alle durchgegarten Speisen mit einem hohen Flüssigkeitsanteil, jedoch keine Molkereiprodukte.

WAS DU ZUM EINWECKEN BRAUCHST:

- Einweckgläser
- Backofen

HIER IST ALLES WAS DU WISSEN MUSST:

- Die Gläser, Gummis, Verschlüsse und Deckel kontrollieren; sie sollten unversehrt sein
- sauberes, hygienisch einwandfreies Arbeiten muss oberste Priorität haben. Dazu gehört insbesondere die Gläser und Gummis einzeln, nacheinander abzukochen, um sie zu sterilisieren. Dazu einfach die Gläser in kochendes Wasser geben, kurz warten, bis es wieder kocht, herausnehmen und umgedreht auf ein frisch gewaschenes Küchentuch stellen. Die Gummis zuletzt sterilisieren.
- Das einzuweckende Essen parallel ebenfalls nochmals aufkochen lassen und heiß in die Weckgläser füllen.
- Dabei darauf achten, die Weckgläser nicht zu überfüllen. Wichtig ist ebenfalls, den Glasrand sauber zu halten. Ansonsten kann der Gummiring verschmutzen und das Weckglas schließt nicht mehr luftdicht ab.
- Das Weckglas muss ordnungsgemäß verschlossen werden. Bei Gläsern mit Klammern, den Deckel aufsetzen und mit Klammern fixieren. Bei Spannbügelgläsern den Bügel schließen.

- Zwar gibt es heute besondere Einweckautomaten zu kaufen, diese sind jedoch nicht notwendig – genauso gut kann man die Gläser bei 120 °C 40 Minuten in den Ofen geben. Dazu Gläser so auf einem Gitterrost platzieren, dass sie einander nicht berühren. Gitter in der Mitte des Ofens platzieren und auf den Ofenboden eine Auflaufform mit ein wenig Wasser stellen – so wird die Luft im Ofen befeuchtet, was die Gummiverschlüsse schont.
- Im Anschluss die Weckgläser aus dem Ofen holen und 3 Minuten auf den Kopf stellen. Wieder umdrehen, abkühlen lassen und etikettieren.

FERMENTIEREN

Fermentieren ist ein kontrollierter Gärprozess, der sich wunderbar zu Hause umsetzen lässt. Einzige Voraussetzung ist, dass du über einen Raum verfügst, in dem es nicht weiter stört, wenn es mal unangenehm riecht. Denn im Laufe der Fermentierung entsteht ein Gas, das an den Geruch von faulen Eiern erinnert. Ich selbst habe zwar auch schon in meinem Wohnzimmer fermentiert, würde dir aber tendenziell zum Keller oder einer Abstellkammer raten.

WAS DU BRAUCHST:

- geeignetes Gemüse (z. B. Weißkohl, Rotkohl, Kürbis, Karotten, Chinakohl, Rote Bete)
- Salz (1 EL pro 1 kg Gemüse)
- Gär- bzw. Sauerkrauttopf (eine Investition, die sich lohnt)
- Geduld

ZUBEREITUNG AM BEISPIEL SAUERKRAUT:

❶. Weißkohl waschen, vierteln, vom Strunk befreien und in Streifen schneiden.

❷. Den Tontopf samt Gewicht und Deckel gründlich mit heißem Wasser ausspülen und trocknen.

❸. Nun den Weißkohl in kleine Portionen teilen. Diese jeweils mit etwas Salz (und weiteren Gewürzen nach Geschmack, etwa Kümmel, Kumin oder Senfsaat) in das Tongefäß geben. Mithilfe von Muskelkraft auf den Boden drücken, bis etwas Wasser aus dem Kohl läuft. Dann das nächste Viertel zusammen mit etwas Salz hinzugeben und mit roher Gewalt zum Flüssigkeitsverlust bewegen. Den Vorgang so häufig wiederholen, bis das Kraut alle oder das Tongefäß fast voll ist.

❹. Sollte der Weißkohl nicht genug eigene Flüssigkeit mitbringen (was durchaus passieren kann, insbesondere, wenn der Kohl etwas länger gelagert wurde, also vor allem gegen Winterende), kann man nun noch etwas Wasser dazugeben, bis der Kohl fast bedeckt ist.

❺. Den Kohl mit dem Gewicht beschweren.

❻. Um die Bakterien richtig in Wallung zu bringen, den Topf für die ersten 48 Stunden in einen Raum mit einer Temperatur von ungefähr 20 °C stellen.

❼. Anschließend den Topf an einen kühlen Ort umstellen. Dort die Milchsäurebakterien arbeiten und den Kohl für ca. 2 Wochen vor sich hin fermentieren lassen, bis er säuerlich schmeckt, aber noch Biss hat.

❽. Hat das Kraut den gewünschten Zustand und Geschmack erreicht, gilt es, den Fermentiervorgang nun zu verlangsamen, um den Geschmack so zu erhalten. Dazu das Sauerkraut in Weckgläser füllen und im Kühlschrank lagern.

❾. Alternativ können die Sauerkrautgläser auch problemlos im Keller bei 8–12 °C gelagert werden. Wie guter Wein, kann auch das Sauerkraut mit den Jahren besser werden.

MEINE LIEBSTEN FERMENTIERKOMBINATIONEN:

- Rotkohl / Koriander / Zitrone (Saft von 1 Zitrone pro Rotkohlkopf)
- Weißkohl / Senfsaat / Kumin
- Rote Bete / Meerrettich
- Karotten / Fenchel
- Kürbis / Spitzkohl

PICKLES: GEMÜSE SAUER EINLEGEN

Essiggurken sind hierzulande jedem ein Begriff. Doch sauer einlegen lassen sich weit mehr Gemüse. Pickles, wie der Engländer das Ergebnis nennt, sind ein idealer Snack, toller Begleiter zum Abendbrot und auch in Suppen und Eintöpfen gern gesehene Gäste. Das Einlegen ist eine weitere traditionelle Art, Lebensmittel zu konservieren. Und dabei einfach und schnell umgesetzt. Sprich: Pickles stehen für eine wunderbar alltagstaugliche Art, seine Leftover für die Zukunft fit zu machen.

FÜR 6 GLÄSER PICKLES BENÖTIGST DU:

- 6 Weckgläser à 0,75 l
- Leftover-Gemüse (sortenrein oder gemischt, 2,5–3 kg)
- 1,2 l Altmeisteressig
- 1 Bund Dill
- 2 EL Senfsaat
- 2 EL Koriandersaat
- 1 EL Pfefferkörner
- 1 Stk. frische Kurkuma, ca. walnusskerngroß
- 2 Chilischoten
- 6 Lorbeerblätter
- 6 Knoblauchzehen
- 12 Pimentbeeren
- 12 Wacholderbeeren
- Salz / Zucker

VORGEHEN:

❶. Zunächst die Weckgläser samt Deckel und Gummis auskochen, wie auf S. 91 beschrieben.

❷. Für den Fond den gesamten Essig und alle Gewürze – außer dem Dill – in einen Topf geben. Einmal aufkochen und anschließend bei geringer Hitze 2 Stunden ziehen lassen.

TIPP Essig am besten bei geöffnetem Fenster aufkochen, um Kopfschmerzen durch den Essigdunst zu vermeiden.

❸. Gemüse in die gewünschte Schnittform bringen. Bei Mixed Pickles gerne variieren – für mehr Abwechslung im Glas.

❹. Das Gemüse im Essigsud kurz aufkochen. Es sollte dabei jedoch auf jeden Fall knackig bleiben.

❺. Gekochtes Gemüse mit dem Schaumlöffel auf die Weckgläser verteilen.

❻. Sobald sämtliches Gemüse auf die Gläser verteilt ist, den restlichen Fond durch ein Sieb gießen, auffangen und nochmals aufkochen.

❼. Dill grob hacken und gemeinsam mit dem heißen Essigsud auf die Gläser verteilen. Randvoll auffüllen.

❽. Anschließend die Verschlussgummis aufsetzen, die Deckel schließen und mit den Klammern fixieren. Für einige Minuten auf den Kopf gedreht abstellen und abkühlen lassen. Anschließend im Kühlschrank lagern.

GEEIGNETE PICKLE-GEMÜSESORTEN

Bei diesen Sorten reicht kurzes Aufkochen, da es später noch im heißen Sud nachzieht:

- Champignons
- Zucchini
- Aubergine (angebraten)
- Paprika
- Gurke

Diese Sorten solltest du bissfest vorblanchieren (je nach Größe 3–5 Minuten), da das Nachziehen im Sud nicht ausreicht:

- Perlzwiebeln
- Kürbis
- Radieschen
- Bohnen
- weiße Rüben
- grüner Spargel

Alles kann, (fast) nichts muss

LEFTOVER MAINS

Leftover Mains. Das heißt so viel wie: Leckere Hauptgerichte, in denen du alles verwerten und wild kombinieren kannst, was deine Kühl- und Vorratsschränke gerade so hergeben. Deshalb sind die meisten Inspirationen in diesem Kapitel rund um ein Basisrezept aufgebaut, das du beliebig erweitern und anpassen kannst. Die Auswahl der Gerichte ist so getroffen, dass sie vielseitig einsetzbar sind und sich bestens mit möglichst vielen Leftovern vertragen.

Ich erkläre dir immer genau, wie du das Basisrezept kochst und was du bei der Zubereitung wissen muss, um anschließend souverän damit experimentieren zu können. Ich empfehle dir daher, immer einmal die gesamte Inspiration zu lesen, bevor du loslegst und dir zusammensuchst, was noch im Haus ist. Dann bist du im Bilde und kannst problemlos dein ganz persönliches Leftover-Gericht zaubern.

TORTILLA

* ESTILO LIBRE *

Eine Tortilla kannst du im Grunde immer machen, sobald Eier und Kartoffeln im Haus sind. Wenn zufällig noch ein paar Gemüsereste im Kühlschrank herumliegen, sollten sie ebenfalls unbedingt den Weg in die Tortilla finden. Es gilt der Estilo Libre: Freestyle – alles was dir schmeckt ist erlaubt!

WAS DA SEIN SOLLTE:

gekochte Kartoffeln
mit Vorliebe vom Vortag

Pflanzenöl

Gemüsereste
hier Tomate

Eier

Salz / Pfeffer / Muskat

ZUBEREITUNG:

Den Backofen auf 160 °C (Ober-/Unterhitze) vorheizen.

Kartoffeln würfeln und in einer ofenfesten Pfanne mit ein wenig Pflanzenöl Farbe annehmen lassen.

Tomate (oder anderes Gemüse) klein schneiden und dazugeben.

Eier verquirlen und mit Salz, Pfeffer und Muskat würzen.

Die Eimischung in die Pfanne gießen, sodass Kartoffeln und Tomaten bedeckt sind.

Für ca. 10 Minuten in den Ofen geben und im Anschluss auf einen Teller stürzen.

VARIANTE

* BAUERNFRÜHSTÜCK *

WAS DA SEIN SOLLTE:

gekochte Kartoffeln

Zwiebel

Bauernspeck
für die vegetarische Variante weglassen

Champignons
oder andere Pilze aus der Region

Eier

Pflanzenöl

Butter

Majoran

saure Gurke
für die Garnitur

Salz / Pfeffer

ZUBEREITUNG:

❶. Backofen auf 180 °C (Ober-/Unterhitze) vorheizen. Kartoffeln in ca. 1 cm dicke Scheiben schneiden. Zwiebeln, Bauernspeck und Champignons (bzw. Pilze) würfeln. Eier verquirlen und etwas salzen.

❷. Kartoffeln in einer ofenfesten Pfanne mit etwas Öl anbraten und Farbe annehmen lassen. (Die Kartoffeln dabei möglichst selten in der Pfanne wenden.)

❸. Zwiebel und die Pilze dazugeben und mitschwitzen lassen. Speck und Butter hinzugeben. Alles anbraten, bis die Butter nussig, also leicht braun, wird. Mit Salz, Pfeffer und einer Prise Majoran würzen. Eiermasse gleichmäßig verteilt in die Pfanne geben und kurz stocken lassen.

❹. Die Pfanne im unteren Drittel ca. 10 Minuten in den vorgeheizten Ofen geben, bis das Ei vollständig gestockt ist. Das Bauerfrühstück auf ein passendes Brett stürzen und mit der sauren Gurke garnieren.

RISOTTO
* À LA LEFTOVER *

Risotto ist ein kulinarisches Bett, in dem sich allerlei Übriggebliebenes bestens aufgehoben fühlen. Um ein gelungenes Risotto zu kochen, ist die Qualität des Grundprodukts ausschlaggebend. Im Falle des italienischen Reisgerichts ist es genau genommen die Qualität der drei entscheidenden Komponenten: Reis, Hartkäse und Butter. Wenn du darauf achtest, kann im Grunde nichts mehr schiefgehen (außer natürlich der Reis brennt an oder verkocht ;))!

WAS DA SEIN SOLLTE:

Schalotten
Hartkäse
(was der Kühlschrank hergibt, etwa Grana Padano, Parmesan oder Pecorino)

Gemüsebrühe
(1:3 Reis zu Brühe, alternativ Wasser)

Pflanzenöl

Risottoreis, Sorte Arborio

Weißwein
Lorbeerblatt
hochwertige Butter
Salz

ZUBEREITUNG:

❶. Die Schalotten schälen und fein würfeln.

❷. Den Hartkäse reiben und die Butter in kleine Würfel schneiden.

❸. Brühe bzw. Wasser erhitzen und warm halten.

❹. Etwas Öl in einem breiten Topf bei mittlerer Hitze erwärmen, die Schalotten hineingeben und kurz anschwitzen lassen.

❺. Den Risottoreis dazugeben, dabei ständig rühren, bis der Reis glasig ist.

TIPP

Manch erfahrener Risottokoch sagt, der Reis spreche zu einem, wenn er Wein verlangt. Andere behaupten, man könne die dünne äußere Schale des Reises knacken hören – was dann der optimale Punkt sei, um den Reis abzulöschen, da die im Reis enthaltene Stärke direkt austritt und ihren Job machen kann. Also einfach mal das Ohr an den Topf halten.

❻. Dann den Reis mit dem Wein ablöschen und einkochen lassen, bis keine Flüssigkeit mehr zu sehen ist.

❼. Das Lorbeerblatt dazugeben und nach und nach mit Brühe bzw. Wasser aufgießen. Gib die Flüssigkeit immer nur schussweise dazu – der Reis sollte nie schwimmen. Ständig rühren. Sobald die Flüssigkeit weitestgehend vom Reis aufgenommen wurde, weiter aufgießen. Diesen Vorgang solange wiederholen, bis der Reis bissfest ist und das Risotto eine cremige Konsistenz erreicht hat.

❽. Geriebenen Käse und die Butter unter den Reis rühren.

❾. Mit Salz abschmecken.

Soweit das Grundrezept Risotto. Dieses lässt sich nun bestens mit allerlei Leftover-Gemüse erweitern. Die optimale Garmethode unterscheidet sich allerdings zwischen den unterschiedlichen Gemüsen. Grob gibt es zwei Klassen: Mitgargemüse, welches du einige Minuten vor Fertigwerden des Risottos zugibst und mitgaren lässt, sowie Extragargemüse, das du separat garst und erst am Schluss unter den Reis hebst.

MITGARGEMÜSE:

5–6 Minuten vor Ende des
Kochvorgangs unterheben:

Hokkaidokürbis
Tomaten
Erbsen
Babyspinat
Radicchio

EXTRAGARGEMÜSE:

Pilze, z. B. Steinpilze,
Pfifferlinge, Champignons
kurz anbraten, unterheben

Zucchini
kurz anbraten, unterheben

Butternut-Kürbis
gewürfelt ca. 20 Minuten im auf
200 °C (Ober-/Unterhitze) vorgeheizten Ofen garen,
unterheben

Aubergine
(gewürfelt ca. 10 Minuten im auf
200 °C (Ober-/Unterhitze) vorgeheizten Ofen garen,
unterheben.

Kohlgemüse
zerteilen, Blätter klein schneiden,
4 Minuten blanchieren, unterheben

Brokkoli
zerteilen, Röschen klein schneiden,
4 Minuten blanchieren, unterheben

Wurzelgemüse
z. B. Karotte, Sellerie, Topinambur
klein schneiden, 4 Minuten in Salzwasser kochen,
unterheben

Spargel
schälen, 10–15 Minuten in Salzwasser kochen,
unterheben

Rote Bete
reichlich Meersalz in eine ofenfeste Form
geben, ungeschälte Rote Bete daraufsetzen,
bei 160 °C (Ober-/Unterhitze) im Ofen ca. 30 Minuten
garen, bis sie weich ist; schälen, würfeln, unterheben

ERWEITERUNGEN:

Am Ende des Garvorgangs unter
den Risotto heben:

Trüffel
Salsiccia
Parmaschinken (wahlweise auch Serrano)
gebratener Fisch / Garnelen / Muscheln
gekochtes Rindfleisch
Kapern
Oliven
Kräuter
Weitere Käsesorten,
z. B. Blauschimmelkäse, Ziegenkäse
Kerne / Nüsse
Birne

MEINE LIEBLINGSKOMBIS

Rote Bete / Kapern / Estragon / Steinpilz / Hokkaido

Ziegenkäse / Kürbis / Spinat

Butternut / Blauschimmelkäse / Salbei / Pinienkerne

Radicchio / Gorgonzola / Birne

DUFTES DAL

* LINSEN UND LEFTOVER *

Ein Dal ist kein Hexenwerk. Man nehme die Zutaten, lasse sie zerkochen, bis sie knapp vor Brei-Status sind, und schmecke zum Schluss alles mit Salz und Zitronensaft ab. Das Großartige – und für dieses Buch so Wertvolle – am Dal ist die Tatsache, dass es mit so ziemlich jedem Gemüse harmoniert.

WAS DA SEIN SOLLTE:

Zwiebel
(wenn vorhanden)

gelbe Linsen
(klappt auch mit roten Linsen, Kichererbsen oder geschälten Mungbohnen)

Gemüsebrühe
(oder Wasser)

Tahin
Kumin
Tomatenmark

Knoblauch
(nach Gusto)

Zitronensaft
Petersilie
Salz

ZUBEREITUNG:

①. Zwiebel fein würfeln.

②. Linsen in reichlich Gemüsebrühe oder Wasser (1:3) 15–20 Minuten weich kochen. Sobald die gewünschte Konsistenz erreicht ist, die restlichen Zutaten dazugeben und abschmecken.

TIPP Zitronensaft und Salz sollte unbedingt erst nach dem Weichkochen der Linsen hinzugegeben werden, da sich sonst der Garprozess ewig hinauszieht.

HINWEIS:

Bei der Variante mit Kichererbsen ist es unumgänglich, die Kichererbsen über Nacht mindestens 4 Stunden einzuweichen.

PASSENDE GEMÜSE UND VARIATIONEN:

Wie eingangs schon erwähnt, passt so ziemlich jedes Gemüse in ein Dal. Einfach kurz vor Ende des Kochvorgangs das in mundgerechte Stücke geschnittene Leftover-Gemüse hinzugeben und kurz mitkochen lassen.

AM VORTREFFLICHSTEN PASSEN:

Süßkartoffeln
fein gewürfelt, Garzeit 6–8 Minuten
Spinat
ganze Blätter, Garzeit 1–2 Minuten
Okraschoten
ganze oder halbe Schoten, Garzeit 3–4 Minuten
Zucchini
halbe Ringe, Garzeit 3–4 Minuten
Aubergine
gewürfelt, Garzeit 5–6 Minuten
grüne Bohnen
ganze oder halbe Bohnen, Garzeit 8 Minuten
Zuckerschoten
ganze Schoten, Garzeit 2–3 Minuten
Paprika
gewürfelt, Garzeit 2–3 Minuten
Kartoffeln
fein gewürfelt, Garzeit 8 Minuten

Alles gerne auch in wilden Kombinationen.

OMAS TIPP

ALLHEILSBRINGER NATRON

Zum einen verkürzt Natron die Kochzeit gerade bei Kichererbsen ungemein (vor allem, wenn man vergessen hat, sie einzuweichen), zum anderen unterstützt Natron die Verdauung gerade bei Hülsenfrüchten: ½ Esslöffel auf einen Liter Wasser mit in den Topf geben.

* LEFTOVER- *
VEGGIE-BURGER

Du hast noch Gemüse im Kühlschrank,
das langsam echt mal weg sollte? Noch dazu hast
du Lust auf Burger?
Perfekt!

Dann ist es Zeit für unseren
Leftover-Veggie-Burger. Aus Bulgur und Leftover-Gemüse
lässt sich nämlich ganz einfach ein leckeres Gemüse-Patty zaubern.
Der macht sich exzellent zwischen zwei Brötchenhälften,
aber schmeckt natürlich auch in der
kohlenhydratärmeren Version
als Burger Bowl.

GRUNDREZEPT VEGETARISCHES BURGER-PATTY

WAS DA SEIN SOLLTE:

Gemüsebrühe oder Wasser
(Bulgur zu Brühe 1:2)

Bulgur

Leftover-Gemüse
(siehe S. 110)

Pflanzenöl

Eier
(1 Ei je 125 g Bulgur)

Semmelbrösel

Gewürze
nach Belieben (siehe S. 110)

Salz / Pfeffer

ZUBEREITUNG:

❶. Gemüsebrühe mit Gewürzen und Salz in einem Topf zum Kochen bringen. Bulgur einrühren und 3 Minuten kochen lassen.

❷. Anschließend von der Herdplatte nehmen und ca. 20 Minuten abgedeckt quellen lassen.

❸. Leftover-Gemüse in sehr feine Würfel schneiden. Öl in einer Pfanne erhitzen und Gemüse darin anbraten, bis es von allen Seiten Farbe bekommen hat und salzen.

❹. Gemüse auf Küchenpapier geben und abtropfen lassen.

❺. Die Gemüsewürfel unter den Bulgur rühren und die Masse etwas abkühlen lassen.

❻. Die Eier und so viele Semmelbrösel dazugeben, bis genug Feuchtigkeit aufgenommen wurde und sich die Masse gut von Hand formen lässt. Alles durchkneten und abschmecken.

❼. Die Bulgurmasse zu Pattys formen. Sollten die Pattys nicht stabil sein, mehr Semmelbrösel zugeben. Den Backofen auf 165 °C (Ober-/ Unterhitze) vorheizen.

❽. Etwas Öl in einer Pfanne erhitzen und die Pattys von beiden Seiten anbraten.

❾. Auf ein mit Backpapier ausgelegtes Backblech geben und ca. 10 Minuten in den Ofen geben.

GEEIGNETE GEMÜSE:

Karotten, Sellerie, Zucchini, Aubergine, Speisepilze jeder Art, Kohlrabi, Schwarzkohl, Rüben aller Sorten, Blumenkohl, Spitzkohl

---

GEWÜRZE:

Für den Geschmack der Pattys ist weniger das Gemüse ausschlaggebend als vielmehr die Gewürzmischungen, mit denen man den Gemüsebratlingen einen speziellen Twist verleiht. Hier ein paar meiner Lieblingskombinationen:

geräuchertes Paprikapulver / frisch geriebener Ingwer

Ras el-Hanout

KÖFTESTYLE:
Kumin / Knoblauch / frische Minze / frischer Dill / frische Petersilie / Chili (oder Sambal Oelek)

frisch geriebener Ingwer / Senfpulver / Estragon

Sesam / Chili / frischer Koriander

VOM PATTY ZUM BURGER

Das Patty ist natürlich das zentrale Element des Burgers – im wahrsten Sinne des Wortes. Über das Drumherum und die Frage, was einen gelungenen Burger auszeichnet, lässt sich vortrefflich streiten. Die Meinungen gehen weit auseinander und reichen von Tomate-Salat-Gurke-Käse-Puristen bis zu Verfechtern exotischer Varianten mit Coleslaw und Hoisin-Ketchup oder Granatapfel und Feta. Im Falle eines waschechten Leftover-Burgers gilt jedoch ganz eindeutig: Alles kann, nichts muss! Pack einfach zwischen die Brötchenhälften, was dein Herz begehrt und was der Kühlschrank hergibt. Denn am Ende zählt, dass es schmeckt.

EIN WORT ZUM BUN

Neben dem Patty ist das Brötchen, in Burger-Fachkreisen auch Bun genannt, der Schlüssel zu einem gelungenen Burger. Wer nicht selbst backen will, dem sei dazu geraten, beim Einkauf wählerisch zu sein. Das erstbeste Bun im Supermarktregal hält selten, was es verspricht. Deshalb empfehlen wir: entweder nach einem Bäcker vor Ort zu suchen, der frische Buns backt, oder online shoppen.

SAUCEN

Weiterer wichtiger Bestandteil eines jeden Burgers ist natürlich die Sauce. Statt einfach zum Ketchup aus der Flasche zu greifen, lohnt ein Blick ins Kapitel **Leftover-Dips** (ab S. 71), denn die eignen sich auch super als Burger-Saucen.

FRIED RICE

AND LEFTOVER

Dieses Rezept ist an das indonesische Gericht Nasi Goreng angelehnt. Dank Peter von Frosta ist dieses Gericht auch bei uns allseits gut bekannt. Frisch gemacht ist es nicht nur super lecker, sondern auch eine ideale Allzweckwaffe bei Resten im Kühlschrank.

WAS DA SEIN SOLLTE:

Langkornreis
Ingwer
Chili
Eier (1–2 pro Person)
Zwiebel
Pflanzenöl
Sojasauce
Zitronensaft
Sriracha-Sauce
Röstzwiebeln
Salz / Zucker

LEFTOVER:

Jede Art von Gemüse findet im Fried Rice seinen Platz. Ausschlaggebend fürs Gelingen ist dessen Schnittform bzw. die daraus resultierende Garzeit. Das meiste Gemüse wird einfach in eine feine Julienne geschnitten und zum Schluss gemeinsam mit dem Ei dazugegeben. So bleibt es schön knackig.

BEISPIELE FÜR GEMÜSE:

Karotten
Austernpilze
Sellerie
Kohlrabi
Zucchini
Paprika
Brokkoli (samt geschältem Strunk)
Weißkohl
Chinakohl
Spitzkohl
Zuckerschoten (ganz)
Sojasprossen (ganz)
Bambusschösslinge (ganz)
Okraschoten (ganz)

ZUBEREITUNG:

❶. Den Reis in einem engmaschigen Sieb unter kaltem Wasser abbrausen, in einen Topf geben und mit Wasser auffüllen, bis es den Reis um eine Fingerbreite bedeckt. Ohne Deckel bei starker Hitze zum Kochen bringen und warten, bis alle Flüssigkeit verdampft ist und der Reis „Türme" bildet. Dann den Deckel auf den Topf geben, die Herdplatte ausschalten und den Reis dort stehen lassen, bis er benötigt wird.

❷. Ingwer schälen und fein würfeln. Chili halbieren und entkernen (wer es richtig scharf mag, kann die Kerne auch drin lassen).

❸. Die Eier in eine Schüssel schlagen, verquirlen und zur Seite stellen.

❹. Die Zwiebel würfeln und zusammen mit Ingwer und Chili in einer breiten Pfanne oder einem Wok in etwas Öl anschwitzen. Den Reis dazugeben und kurz mit anschwitzen.

❺. Das Gemüse sowie die Eier dazugeben und unter stetem Rühren stocken lassen. Mit Salz, Zucker, Sojasauce und Zitronensaft abschmecken.

❻. Zum Schluss je nach Gusto Sriracha und reichlich Röstzwiebeln darübergeben.

NATÜRLICH SIND DAZU NUN ALLERLEI ERWEITERUNGEN MÖGLICH, ETWA:

UPGRADE

- Leftover vom Schweinebauch oder -nacken
- gebratener Fisch / Garnelen / Muscheln
- gebratenes Hühnchen
- Rinderhack

Einfach separat zubereiten und am Ende des Kochvorgangs unter den Reis heben.

KUMPIR
OFENKARTOFFEL ORIENTAL

Kumpir ist streng genommen eine simple Ofenkartoffel. In der Türkei wird sie jedoch regelrecht zelebriert. Sie kommt gemeinsam mit vielen Leckereien auf den Tisch und wird je nach Belieben kombiniert. Quasi Tapas auf Kartoffelbasis. Somit ist Kumpir ein wunderbarer Weg, um einige Reste kreativ zu verwerten – und noch ein paar Freunde dazu einzuladen.

DIE KARTOFFEL

WAS DA SEIN SOLLTE:

große Kartoffel (festkochend)

Käse:
reibbarer Käse
(im Original Kaşar, Emmentaler eignet sich auch perfekt)

Butter, wahlweise Olivenöl oder Ghee

Salz

ZUBEREITUNG:

1.
Backofen auf 180 °C (Ober-/Unterhitze) vorheizen.

2.
Kartoffel waschen, mit Zahnstocher oder ähnlichem Werkzeug anpiken und mit einem Stückchen Butter und Salz in Alufolie wickeln.

3.
Mindestens 30 Minuten (je nach Größe auch länger) in den Ofen geben. Die Kartoffel sollte weich sein.

4.
Zum Servieren die Kartoffen am Tisch der Länge nach einschneiden und etwas aufklappen, um Platz für die Füllung zu schaffen. Nach Belieben Käse und Butter dazugeben und in der Kartoffel alles vermischen.

Dazu reichst du ganz nach Lust Dips und Salate. Wunderbar passen zum Beispiel:

Rote-Bete-Salat (siehe S. 55)
Kichererbsen-veggie-Bowl (siehe S. 50)
alle Leftover-Dips (ab S. 71)

GEMÜSEAUFLAUF

Eine Auflaufform ist für Leftover-Köche das, was für andere der Mülleimer ist. Hier kannst du alles bunt kombinieren. Etwas Béchamel dazu, mit Käse gratinieren und fertig. Als angehender Auflauflehrling wirst du bald feststellen: Alles was gratiniert ist, kann nur schmecken! Don´t waste it - taste it!

ZUTATEN BÉCHAMEL:

- **2 EL Butter**
- **2 EL Mehl**
- **125 ml Milch**
- **125 ml Brühe** (wenn nicht vorrätig, einfach durch Milch ersetzen)
- **1 Schuss Sahne**

ZUBEREITUNG:

①. Butter bei geringer Hitze in einem Topf zerlassen.

②. Mehl nach und nach dazugeben und mit der Butter verrühren.

③. Kalte Milch dazugeben und mit der Mehlschwitze verrühren. Brühe (falls vorhanden) dazugeben.

④. Unter stetem Rühren aufkochen und 5 Minuten kochen lassen. Das Rühren sollte in diesem Fall sehr ernst genommen werden, da die Béchamel sonst sofort anbrennt. Die Sauce ist fertig, wenn sie eine homogene, sämige Konsistenz erreicht hat.

⑤. Zum Schluss mit einem Schuss Sahne verfeinern.

WAS DA SEIN SOLLTE:

Als Grundlage für den Auflauf nutzt du, je nach dem, was im Haus ist, entweder:

- **Nudeln oder**
- **Kartoffeln oder**
- **Topinambur** (oder ihr lasst die Grundlage ganz weg und macht den Auflauf nur aus übrig gebliebenem Gemüse)

Auf jeden Fall sollten da sein:

- **Gemüse**, was der Kühlschrank hergibt
- **Käse** (den, den man hat)

ZUBEREITUNG:

①. Falls verwendet: Gemüsesorten, die viel Flüssigkeit aufnehmen bzw. abgeben können, anbraten. Das sind insbesondere: Auberginen, Pilze, Zucchini, Paprika, Fenchel, Lauch, Tomate.

②. Falls verwendet: Kartoffeln, Pasta oder Topinambur kochen.

③. Den Ofen auf 160 °C (Ober-/Unterhitze) vorheizten. Gemüse in Scheiben schneiden. Alles in die Auflaufform schichten.

④. Béchamel darübergeben und mit grob geriebenem Käse bestreuen.

TIPP Parmesan (oder ähnliche Hartkäsesorten) sorgen für den Extraknusper on top. Dazu einfach noch eine kleine Schicht fein geriebenen Käse zum Schluss auf dem Auflauf verteilen.

⑤. In den auf 160 °C vorgeheizten Backofen geben, bis alles gar und der Käse goldbraun und knusprig ist. (Um zu testen, ob der gewünschte Gargrad erreicht ist: Mit einem Fondue-Spießchen o. Ä. in den Auflauf piken).

MEINE LIEBLINGSKOMBIS:

Kartoffel / Brokkoli / geröstete Mandeln

Karotte / Fenchel / Estragon

Kürbis / Paprika / getrocknete Tomate

Pastinake / Kartoffel / Spinat

Blumenkohl / Gorgonzola / Radicchio / Pinienkerne

FREESTYLE
* PASTA *

Pasta hat man so gut wie immer im Haus. Außerdem verträgt sie sich mit fast allem, was der Kühlschrank hergibt. Das macht Pasta zu einem echten Leftover-Klassiker. Deshalb bilde ich dich jetzt zum Freestyle-Pasta-Samurai aus.

* ULTIMATE SUGO *

Das Geheimnis einer guten Freestyle Pasta ist das Sugo, aus dem du im Handumdrehen Saucen zaubern kannst, indem du es mit beliebigen Zutaten erweiterst. Das Sugo ist ein konzentrierter Tomatenansatz, der deiner Sauce später intensiven Geschmack verpasst. Du kannst es wunderbar auf Vorrat kochen und lagern – so hast du es immer zur Hand, wenn der Kühlschrank nach einer Freestyle Pasta schreit.

WAS DA SEIN SOLLTE:

2 große Zwiebeln
1 kleine Knoblauchzehe
100 ml Olivenöl
7 Dosen ganze Tomaten, geschält
1 Lorbeerblatt
frischer Thymian, Rosmarin
Salz / Pfeffer / Zucker

Zwiebeln in Streifen schneiden. Zwiebelstreifen in einem hohen Topf mit der ganzen Knoblauchzehe in Olivenöl anschwitzen.

Dosentomaten und Lorbeer dazugeben, bei starker Hitze unter stetem Rühren die Tomaten zerkochen lassen. Die Masse soll am Ende um 1/3 reduziert sein.
ACHTUNG: Setzt schnell an und spritzt (lange Ärmel helfen!)

Sobald die Tomaten zerkocht sind, die Hitze reduzieren noch 10 Minuten weiterköcheln lassen. Derweil frische Kräuter nach Belieben mit Küchenzwirn zusammenbinden.

Sugo mit Salz, Pfeffer und einer Prise Zucker abschmecken.

Sugo in kalten Topf umfüllen, das Kräuterbündchen hinzugeben und 10 Minuten ziehen lassen. Kräuterbündchen herausnehmen. Sugo, das du einlagern willst, kannst du nun warm in saubere Einmachgläser füllen und entsprechend der Technik auf Seite 91 einwecken. Alternativ eignet es sich auch fürs Einfrieren. Dafür abkühlen lassen und portionsweise in geeignete Behältnisse füllen.

* VOM SUGO ZUR SAUCE *

Wie kommen angehende Freestyle-Pasta-Samurais nun zur fertigen Sauce? Das kommt darauf an, ob du vegetarisch oder mit Fleisch kochen willst. Also der Reihe nach.

DIE FLEISCHIGEN VARIANTEN:

Viele bekannte **SAUCENKLASSIKER** basieren auf Fleisch. Zum Beispiel:

* **BOLOGNESE** * (Rinderhack oder gemischtes Hack)

* **AMATRICIANA** * (Bauchspeck, gewürfelt)

* **SALSICCIA RAGOUT** * (Salsiccia-Brät oder Wurstreste)

* **RAGOUT** * (Fleischreste vom Braten oder feines Gulaschfleisch)

Die Saucen unterscheiden sich zwar traditionell in Rezeptur und teilweise in der Herstellung. Doch hat man einmal das Prinzip verstanden, lassen sich alle Saucen, zumindest in vereinfachter Freestyle-Variante, kochen.

BASISVARIANTE:

Fleisch(-Leftover)
nach Wahl

Pflanzenöl

Rotwein

Sugo
ungefähr doppelte Menge des Fleisches

natives Olivenöl

frische Kräuter
nach Geschmack

Salz / Pfeffer

ZUBEREITUNG:

❶. Fleisch, falls nötig, in Stücke schneiden und in Pflanzenöl anbraten.

❷. Mit Rotwein ablöschen und einkochen lassen, bis nichts mehr vom Wein zu sehen ist (den Rest der Flasche trinken – du willst ja keine neuen Leftover erzeugen). Sugo dazugeben und bei geringer Hitze köcheln lassen, bis das Fleisch gar und die gewünschte Konsistenz erreicht ist.

❸. Mit einem guten Schuss nativem Olivenöl und frischem Pfeffer verfeinern. Nach Belieben mit Kräutern abschmecken. Basilikum und Petersilie gehen immer. Zur Salsiccia passt Fenchelgrün hervorragend.

UPGRADE

Hast du im Kühlschrank außerdem noch Gemüse über, kannst du die Grundsauce natürlich noch ausbauen. Du musst nur wissen, welches Gemüse du wie handhaben musst. Nichts leichter als cas!

- KURZ ANBRATEN UND DANN ZUR SAUCE IN DIE PFANNE GEBEN UND ZUSAMMEN AUFKOCHEN:
Pilze aller Art, Artischocke, Aubergine, Zucchini, grüner Spargel

- GEWÜRFELT 5–10 MINUTEN VOR ENDE DES KOCHVORGANGS IN DIE SAUCE GEBEN:
Karotte, Sellerie, Aubergine, Staudensellerie, Zucchini, Kürbis, grüne Bohnen, Paprika, Tomaten

- UNMITTELBAR VORM SERVIEREN DAZUGEBEN:
Junger Spinat, Rucola, Mangold

VEGETARISCHE VARIANTEN:

Gemüse-Leftover
Pflanzenöl
Sugo (ungefähr doppelte Menge des Gemüses)
natives Olivenöl
Salz, Pfeffer, frische Kräuter nach Geschmack

ZUBEREITUNG:

1. Beliebiges Gemüse, falls nötig, klein schneiden und kurz in Pflanzenöl anbraten (siehe oben).

2. Sugo im Verhältnis 1:2 dazugeben.

3. Aufkochen lassen und das Gemüse bei geringer Hitze schmoren, bis es bissfest ist.

4. Mit einem guten Schuss nativem Olivenöl und frisch gemahlenem Pfeffer verfeinern.

5. Nach Belieben mit Salz und frischen Kräutern abschmecken. Basilikum und Petersilie gehen immer.

DER LETZTE SCHLIFF:

Um deine Sauce individuell aufzupeppen, findet sich einige Möglichkeiten im durchschnittlichen Haushalt. Ein paar Optionen, die du am Ende auf den angerichteten Teller geben kannst:

- Parmesan (der Klassiker)
- Pecorino
- Mozzarella
- Feta
- zerkrümelter Gorgonzola
- Oliven
- getrocknete Tomaten
- geröstete Kerne (z. B. Pinienkerne, Kürbiskerne)

TIPP

Mit dem richtigen Kniff kannst du künftig aus allem, was du gerade zur Hand hast, eine Pasta zaubern, die du auch guten Gewissens einem Date vorsetzen kannst.

BLÄTTERTEIG RUMFORT

Rumfort ist Küchendeutsch für „alles was rumliegt und fort muss“. Was man im Restaurant tendenziell ungern hört, ist in den eigenen vier Wänden schlicht effizientes Wirtschaften. Umso besser, wenn das Wirtschaften auch noch schmeckt. Mit dem Blätterteig „Rumfort“ kein Problem.

WAS DA SEIN SOLLTE:

Blätterteig
Ei (als Kleber)
Rumforts*

*RUMFORTS, DIE SICH FÜR DEN BLÄTTERTEIG EIGNEN:

In Blätterteig kann man tatsächlich fast alles füllen. Er lädt quasi dazu ein, frei Schnauze zu experimentieren. Ein paar Tipps zur Verarbeitung:

• Sämtliche **Gemüse** kurz in etwas Öl anbraten, bevor sie in den Teig kommen, damit sie Flüssigkeit abgeben (die beim Braten entstehende Flüssigkeit natürlich abgießen, bevor das Gemüse auf den Teig kommt).

• Sämtliches **Fleisch**, das sich zum Kurzbraten eignet – z. B. Hack, Streifen vom Roastbeef, Schweinerücken oder Steak – kann nach ganz kurzem, scharfen Anbraten (nur bis es ringsherum braun ist) ebenfalls in den Blätterteig geben.

• Ohne Vorbehandlung können **Kräuter**, **Käse**, **Oliven**, **getrocknete Tomaten**, **Kapern**, bereits **gegartes Fleisch**, **Nüsse** und **geröstete Kerne** in den Blätterteig.

UMGANG MIT BLÄTTERTEIG:

1. Aufgetauten Blätterteig mit Mehl bestäuben.

2. Auf Backpapier dünn ausrollen und mit verquirltem Ei bepinseln.

3. Den Blätterteig mit der Längsseite zu dir legen. Gedanklich (beginnend bei dir) in drei Teile teilen.

4. Alles was rumliegt und fort muss* packst du der Länge nach ans Ende des ersten Drittels.

5. Dann das Drittel einschlagen, sodass die Füllung gerade so bedeckt ist.

6. Ein kleines Stück links und rechts zuklappen, sodass beide Seiten dicht sind.

7. Zusammenrollen und dabei darauf achten, dass der Teig möglichst straff anliegt. Tipp: Beim Drehen den Teig immer wieder zu sich ziehen.

8. Mit restlichem Ei von außen bepinseln.

9. Gemäß den Verpackungsangaben (15–20 Minuten) backen.

10. Kurz auskühlen lassen, anschneiden, yummie!

MEINE LIEBLINGSKOMBIS:

Kürbis / gegarte Maroni / Roastbeef
Fenchel / Karotte / Spinat
Pastinake / Birne / Ziegenkäse / Mangold / Walnuss

GYOZA – LEFTOVER AUF JAPANISCH

Gyoza ist, wenn man so will, die japanische Maultasche. In China ist sie als Jiaozi bekannt, wird dort jedoch in der Regel gedämpft oder gekocht, wohingegen Gyoza gebraten wird. Wie so oft gilt auch hier: Was noch im Kühlschrank rumliegt kann im Zweifel in Gyoza verarbeitet werden, sowohl zu vegetarischen als auch fleischhaltigen Varianten. Besonders ideal sind Gyoza übrigens, wenn du Besuch erwartest, aber vergessen hast, einzukaufen. Denn einfacher kannst du deine Gäste mit deinen asiatischen Kochkünsten kaum beeindrucken. Mehl, Wasser und ein paar Leftover sind alles, was du brauchst.

GRUNDREZEPT GYOZABLÄTTER

WAS DA SEIN SOLLTE:

(Für 2 Personen):

200 g Mehl
(Type 550)

170 ml Wasser

ZUBEREITUNG:

1. Mehl und Wasser in einer Schüssel verkneten. Der Teig sollte am Ende nicht kleben.

2. Teig auf einer bemehlten Oberfläche ausrollen und mit einer runden Schablone (ca. 8 cm Ø) ausstechen. Alternativ mit einem Messer den Teig um ein Wasserglas kreisförmig ausschneiden. **Alternativ** kannst du natürlich auch tiefgekühlte Gyozablätter verwenden. Diese einfach entsprechend der Beschreibung auf der Verpackung vorbereiten.

VOM TEIG ZUR GYOZA

WAS DA SEIN SOLLTE:

Leftover für die Füllung*
Asiatische Gewürze (z. B. geriebener Ingwer, Galgant, gehacktes Zitronengras oder eine fertige Würzmischung)
Gyozablätter
Pflanzenöl
Sojasauce
Essig (z. B. Weißweinessig, Reisessig)
Sesam

*** Geeignete Gemüse-Leftover:**
Karotten, Sellerie, Zucchini, Aubergine, Speisepilze jeder Art**, Kohlrabi, Schwarzkohl, Rüben** aller Sorten**, Blumenkohl, Spitzkohl**

1. Alle Zutaten für die Füllung grob hacken und mit den Gewürzen abschmecken. Auf allen Gyozablättern jeweils 1–1 ½ TL Füllung verteilen. Die Ränder mit etwas Wasser befeuchten.

2. Zusammenklappen und an den Seiten festdrücken.

3. Öl in einer Pfanne erhitzen, Gyozataschen hinzugeben und von allen Seiten anbraten, bis sie von außen goldbraun und knusprig sind. Vorsichtig wenden. 1 Tasse Wasser dazugeben und abgedeckt auf geringer Hitze ca. 5 Minuten köcheln lassen.

4. In einem Schälchen Sojasauce mit Essig im Verhältnis 4:1 vermischen und mit Sesam verrühren. Gyoza aus der Pfanne nehmen, auf Tellern anrichten und mit Sesam und Sojasauce servieren.

♥ MEINE LIEBLINGSKOMBIS:

Schweinefleisch (gegart oder roh als Hackfleisch) **/ Spitzkohl / Austernpilze / Hoisin-Sauce**

Rindfleisch (gegart oder roh als Hackfleisch) **/ Karotten / Sesam / Galgant**

Brokkoli / Weißkohl / Sesam / Karotten

Rotkohl / Entenbrust / Granatapfel

Hähnchenbrust / Kohlrabi / Pak Choi / Teriyaki-Sauce

OMAS TIPP

LEFTOVER-BOX FÜR ANGESCHNITTENES GEMÜSE

Um Gemüse-Leftover so lange wie möglich frisch zu halten, bedarf es keiner Wunderwaffen, sondern lediglich der richtigen Lagerung. Das gilt insbesondere für angeschnittenes Obst und Gemüse. Im typischen Haushalt fallen z. B. immer wieder halbe Zwiebeln, Zitronen, Sellerieknollen, Paprikaschoten oder angeschnittene Karotten an.

GRUNDSÄTZLICH GILT:

Angeschnittenes Obst und Gemüse sollte immer trocken und kühl lagern. Und zwar in einem fest verschlossenen Behältnis, idealerweise im Molkereiproduktefach des Kühlschranks (siehe S. 16). Den Boden des Behälters solltest du zudem mit Küchenpapier auslegen, da es das entstehende Kondenswasser aufnimmt (das Papier auch gern ab und an wechseln). Außer mit besonders geschmackintensiven Dingen wie Zwiebeln oder halben Knoblauchzehen kannst du verschiedene Lebensmittel problemlos gemeinsam lagern. Richte dir also einfach eine Leftover-Box ein (bei meiner Oma hieß sie schlicht Restekiste).

DIE GROSSE LEFTOVER-QUICHE

Mit einer hausgemachten Quiche machst du Freunden und Familie immer eine Freude. Der Klassiker der französischen Küche ist kein Hexenwerk, schmeckt hervorragend im heimischen Esszimmer oder beim sommerlichen Picknick und ist außerdem ein echter Leftover-Alleskönner. Hier erkläre ich dir, wie du die Königin unter den Quiches, die Quiche Lorraine, zubereitest und was du beachten musst, wenn du selbst kreativ wirst.

GRUNDREZEPT FÜR DEN MÜRBTEIG:

WAS DA SEIN SOLLTE:

(Für eine Form mit 24 cm Ø):

180 g Butter
kalt

280 g Mehl
1 Ei
Salz

Mehl
zum Bestäuben der Arbeitsfläche

Butter
für die Form

getrocknete Hülsenfrüchte
(z. B. Linsen, Kichererbsen oder Bohnen)
zum Blindbacken (mehrfach verwendbar)

ZUBEREITUNG:

❶. Butter in Würfel schneiden.

❷. Mehl durch ein engmaschiges Sieb in eine Schüssel sieben.

❸. Ei, Butterwürfel und 1 Prise Salz zum Mehl geben und alles kräftig kneten.

❹. Sobald der Teig zu einer homogenen Masse geworden ist, die Schüssel mit einem Tuch abgedeckt ca. 30 Minuten ruhen lassen.

❺. Backofen auf 200 °C (Ober-/Unterhitze) vorheizen.

❻. Die Arbeitsfläche mit etwas Mehl bestäuben und den Teig darauf ausrollen.

❼. Die Backform gründlich ausbuttern.

❽. Den ausgerollten Teig über das Nudelholz wickeln und vorsichtig über der Backform abrollen, sodass er locker aufliegt. Dann an den Rändern eindrücken, bis der Teig glatt in der Form liegt. Den überschüssigen Rand abschneiden. Mit einer Gabel Löcher in den Teig piken.

❾. Backpapier daraufgeben, mit den Hülsenfrüchten beschweren und 15 Minuten blind backen.

WEITER ZUR QUICHE:

Zunächst solltest du immer eine Liaison herstellen – eine Verbindung aus Sahne und Ei (oder die etwas geschmacksärmere, aber figurbewusste Variante mit Milch).

SO MACHST DU DIE LIAISON:

4 Eier, 2 Eigelb
320 ml Sahne (oder Milch)

Einfach alles miteinander verquirlen. In diese Liaison kannst du nun so ziemlich alles hineingeben, was zusammenpasst. Natürlich fällt einem hier zunächst der Klassiker ein: die Quiche Lorraine (siehe S. 132).

GRUNDREZEPT QUICHE LORRAINE:

WAS DA SEIN SOLLTE:

Zwiebel

Speckwürfel

Pflanzenöl

Liaison (siehe S. 131)

geriebener Käse, z. B. Gruyere, Gouda
(optional; Lorraine-Traditionalisten würden dankend ablehnen)

blind gebackener Mürbteig

Salz / Pfeffer/ Muskat

ZUBEREITUNG:

❶. Zwiebel fein würfeln und zusammen mit den Speckwürfeln in einer Pfanne mit etwas Öl anbraten.

❷. Aus der Pfanne nehmen und etwas abkühlen lassen.

❸. Ofen auf 180 °C (Ober-/Unterhitze) vorheizen.

❹. Liaison und geriebenen Käse über die Zwiebel-Speck-Mischung geben und gut verrühren.

❺. Mit Salz, Pfeffer und Muskat würzen.

❻. Die Masse in die blind gebackene Mürbeteigform füllen und ca. 15 Minuten backen.

❼. Aus dem Ofen nehmen und 5–10 Minuten ruhen lassen.

VARIATIONEN

Soweit das Rezept des Quiche-Klassikers. Doch das ist erst der Anfang. Geneigte Leftover-Ninjas machen sich nun ans Experimentieren. Denn Speck und Zwiebel lassen sich durch viele Alternativen ersetzen (bzw. ergänzen).

Der eigenen Kreativität sind dabei kaum Grenzen gesetzt. Wichtig ist allerdings, dass du alle Zutaten mit einem hohen Wassergehalt zunächst entwässerst, indem du sie in einer Pfanne anbrätst (z. B. Speck, Zwiebeln, Pilze) bzw. blanchierst und ausdrückst (z. B. Spinat, Sauerkraut, Kohl) bevor sie in die Füllung kommen. So verhinderst du, dass der Boden der Quiche durchweicht.

INSPIRATIONSQUELLE

MEINE LIEBLINGSKOMBIS:

Räucherlachs / Gruyère / Babyspinat:
Räucherlachs klein zupfen, Gruyère reiben, Blattspinat im Ganzen

Radicchio / Ziegenkäse / Avocado:
Radicchio grob schneiden, in handwarmem Wasser waschen, Ziegenkäse zerbröseln, Avocado je nach Reifegrad zerdrücken oder würfeln.

getrocknete Tomaten / Oliven / Kapern / Rucola:
Alles grob hacken.

Kochschinken / Staudensellerie / Lauch:
Staudensellerie in 1 cm breite Stücke schneiden, Schinken würfeln, Lauch in feine Ringe schneiden.

Kürbis / Pilz / Winterpostelein:
Kürbis fein würfeln, Pilze klein schneiden und separat anbraten, Winterpostelein unbehandelt lassen.

Pastrami / Sauerkraut / Cheddar:
Pastrami klein schneiden, beim Sauerkraut am besten gekochte Reste nutzen, ansonsten in ein Sieb geben und 30 Minuten abtropfen lassen, Cheddar reiben.

Blutwurst / Grünkohl / Apfel:
Blutwurst in Würfel schneiden, Grünkohl vorab von den Stängeln befreien, einige Minuten blanchieren, im Anschluss in kaltem Wasser abschrecken, Apfel reiben oder würfeln – je nach Lust und Laune.

TEMPURA
LEFTOVER FRITTIERT

Seien wir ehrlich: Frittiertes Essen macht einfach Spaß! Zumindest, wenn es fachmännisch und frisch zubereitet wurde. Ist das gegeben, gibt es kaum etwas Besseres, als der Biss in den krossen Mantel, der sodann ins saftige, dampfende Innenleben führt. Und natürlich lassen sich auch Leftover bestens frittieren. In diesem Fall backen wir sie in einem frischen Tempurateig aus.

Dazu passen hervorragend
sämtliche Leftover-Dips (siehe S. 71).

DER TEMPURATEIG:

DAS BRAUCHST DU (Für 4 Personen):

100 g Mehl
100 g Speisestärke
1 Päckchen Backpulver (15 g)
125 ml eiskaltes Wasser
½ TL Salz
(entweder mit Eiswürfeln im Kühlschrank vorbereiten oder einige Minuten ins Gefrierfach stellen)
1 Ei

ZUBEREITUNG:

1.
Mehl mit Stärke und Backpulver in einer Schüssel vermischen.

2.
Das eiskalte Wasser mit dem Salz mischen und mithilfe eines Schneebesens nach und nach unter die Mehlmischung rühren.

3.
Das Ei darunterrühren.

4.
Teig 30–60 Minuten gehen lassen.

ZUM UMGANG MIT TEIG UND GEMÜSE

WAS DA SEIN SOLLTE:

Gemüse-Leftover*
Mehl
Öl zum Frittieren
Tempurateig
Salz / Pfeffer

ZUBEREITUNG:

1.
Gemüse in kleine fingerbreite Steifen schneiden, anschließend salzen und pfeffern.

2.
Ein paar EL Mehl in eine Schüssel füllen.

3.
Topf zu $^2/_3$ mit Öl befüllen und bei mittlerer Hitze heiß werden lassen.

4.
Testen, ob das Öl die richtige Temperatur hat. Dazu den Stiel eines Holzkochlöffels in das Fett halten. Bilden sich Blasen darum, hat das Öl die notwendige Temperatur erreicht.

5.
Temperatur auf geringe Hitze reduzieren.

GIB ACHT!

Dieser Schritt ist sehr wichtig, da das Öl andernfalls den Rauchpunkt erreicht. Dabei entstehen giftige Stoffe, die außerdem bitter sind.

6.
Gemüse im Mehl wenden und jedes Gemüsestück einzeln in den Tempurateig tauchen, sodass es von allen Seiten ummantelt ist.

7,

Mit einer Zange entnehmen
und in das Fettbad geben. So oft wiederholen, bis alle Gemüsesticks
verarbeitet sind. Dabei darauf achten, dass der Topf nicht zu voll ist.
Im Zweifel mehrere Frittiervorgänge durchführen.
Sollte das Öl zu st ark abkühlen, die Hitze zwischenzeitig
wieder erhöhen.

8.

Sobald ein Teilchen goldgelb gebacken ist,
mit einer Schaumkelle aus dem Topf holen und zum Abtropfen
auf einen mit Küchenpapier ausgelegten Teller geben. Salzen und servieren.

*GEEIGNETE GEMÜSE-LEFTOVER:

Die folgenden Gemüse eignen sich alle zum
Ausbacken in Tempura. Einige Gemüsesorten kannst du direkt roh
verwenden, andere musst du zunächst blanchieren,
da die Frittierzeit nicht ausreichen würde, um es zu garen.

ROH

Fenchel, Gurke, Karotten, Kohlrabi, Okraschoten, Paprika, Pilze aller Art,
Radieschen, Staudensellerie, Zucchini, Zuckerschoten, Zwiebeln

VORBLANCHIEREN

In gesalzenem, kochendem Wasser bissfest garen, in kaltem Wasser abschrecken
und anschließend auf Küchenpapier trocken legen und abtupfen.
Blumenkohl, Brokkoli, grüne Bohnen, Kartoffeln, Pastinake, Rote Bete,
Süßkartoffeln, Spargel, (grün oder weiß), **Topinambur**

* LEFTOVER VORRATSSCHRANK *

Ein durchdachter, gut gefüllter Vorratsschrank ist essenziell für alle Leftover-Köchinnen und -Köche. Sind die richtigen Grundzutaten im Haus, fällt es im Alltag deutlich leichter, schnell und spontan etwas aus dem zu zaubern, was die Küche gerade hergibt. Und schon mit ein paar gut lagerfähigen Basics, steigen die Möglichkeiten zum kreativen Kombinieren deutlich an. So kommt genug Abwechslung auf den Teller und gleichzeitig entwickelst du deinen Leftover-Kochstil ständig weiter.

ESSENTIALS

Es gibt Dinge, ohne die macht kochen oder backen einfach keinen Sinn. So zum Beispiel Salz. Gerüchten zufolge soll es schon Küchenchefs auf Kreuzfahrtschiffen gegeben haben, die auf offener See ausgesetzt wurden, weil sie vergessen hatten, Salz für die Überfahrt einzukaufen. Die folgenden Dinge sollten immer, immer, immer im Haus sein:

- Leftover-Kochbuch (check)
- Salz
- Pfeffer
- Zucker
- Öl (gern zwei, drei verschiedene)
- Mehl

TROCKENE KOHLENHYDRATE

Ein grundlegender Gedanke der Nahrungsherstellung und -aufnahme ist das Erreichen des Sättigungsgefühls. Dabei helfen Kohlenhydrate ziemlich effektiv. Als Basis für eine sättigende Leftover-Küche ist es daher immer ratsam, ein paar lagerfähige Kohlenhydrate im Haus zu haben.

- Pasta
- Reis – Basmati / Risotto / Milchreis
- Bulgur
- Couscous
- Quinoa

HÜLSENFRÜCHTE

Hülsenfrüchte bestechen durch lange Haltbarkeit und sind flexibel einsetzbar. Bei den meisten von ihnen ist nur wichtig, am besten gestern schon gewusst zu haben, dass man sie heute braucht, da sie lange Einweichzeiten benötigen. Sie immer im Haus zu haben, bedeutet auch, nachts noch kurzfristig an den Schrank gehen zu können, um sie für den nächsten Tag einzuweichen.

- Bohnen (verschiedene Sorten)
- Linsen (verschiedene Farben)
- Erbsen
- Kichererbsen

GEWÜRZE

Eine gewisse Auswahl an Gewürzen ist unentbehrlich, wenn du geschmackliche Vielfalt schätzt. Mit ein paar wenigen Gewürzkombinationen springst du mit nur einem Grundgericht leichtfüßig von Kontinent zu Kontinent. Selbst gut verpackte Gewürze verlieren irgendwann ihre Intensität. Kleinere Verpackungsgrößen sind daher der beste Freund des Leftover-Kochs.

- Lorbeer
- Wacholder
- Nelke
- Piment
- Vanille
- Zimt
- Kardamom
- Ras el-Hanout
- Kumin (Kreuzkümmel)
- Muskat
- thailändische Currypasten

SELBST EINGEKOCHTES

Wenn du gerne und häufig kochst, solltest du immer ein paar dieser Schätze im Vorratsschrank haben. Mit selbst gemachten Fonds, Brühen oder Tomatensugo ist man geschmacklich immer auf der Siegerstraße.

- Fonds / Brühen
- Suppen
- Gemüse („Pickles")
- Tomatensugo (im Zweifel ist das fertige aus dem Supermarktregal auch in Ordnung)

SONSTIGES

Für eine kreative und abwechslungsreiche Leftover-Küche ist es fast unausweichlich, ein paar lagerfähige, industriell gefertigte Produkte im Schrank zu haben. Doch keine Angst – folgende Produkte findest du heute auch von Herstellern, die nichts mit den großen Lebensmittelmonopolisten zu tun haben:

- Sultaninen
- Weißwein
- Rotwein
- Bier
- Senf
- Ketchup
- Mayonnaise
- Sambal Oelek
- Hoisin-Sauce
- Teriyaki-Sauce
- saure Gurken
- Kapern
- Sardellen
- Hering in Tomatentunke (wenn der kleine Hunger kommt)
- Brathering

FRISCHES GEMÜSE

(lang, trocken & ohne Kühlung lagerbar)

Vielleicht kann sich der ein oder andere noch daran erinnern, wie die Großeltern früher Gemüse, vor allem Kartoffeln und Zwiebeln, eingekellert haben. Dazu eignen sich etwa jene Holzkisten ganz hervorragend, die heute gerne für die dekorative Lagerung verschiedenster Dinge wie Bücher und LP´s genutzt werden – aber in aller Regel nicht mehr für den Gemüsevorrat, der uns über den Winter hilft.

Obgleich heute fast alles jederzeit verfügbar ist, macht es Sinn, sich einen überschaubaren Vorrat an frischen, lagerfähigen Gemüsen anzulegen (zumindest wenn du einen großen Vorratsschrank, Keller oder eine kühle Ecke in der Küche hast). Denn damit erweiterst du deine Leftover-Möglichkeiten nochmal deutlich.

- Zwiebeln (rot / weiß)
- Ingwer
- Knoblauch
- Zitronengras
- Kartoffeln
- Süßkartoffeln
- Kürbis
- Rote Bete
- Steckrübe

福
禄
寿
禧

Nach dem Lieferservice
ist vor der Leftover-Party

LEFTOVER MOMENTS

Leftover-Moments sind typische Situationen, in denen immer wieder Reste übrig bleiben. Ein Klassiker ist, wenn wir beim Lieferservice bestellen und die Augen mal wieder größer als der Appetit waren. Auch größere Homecooking-Partys versprechen Leftover en masse.

Zum Glück gibt es für viele dieser üblichen Reste eine bessere Lösung als die Mülltonne. In diesem Kapitel habe ich einige der gängigen Leftover-Momente zusammengetragen und Ideen gesammelt, wie sich diese Reste kreativ weiterverarbeiten lassen. Die Titel der Inspirationen in diesem Kapitel beinhalten dabei immer das Ausgangsgericht, dessen Komponenten wir nutzen.

OMAS TIPP

FRISCHE KRÄUTER IN ÖL PACKEN

Bevor die abgepackten, frischen Kräuter zu trocken werden und gänzlich ihren Geschmack verlieren, solltest du sie unbedingt retten. Am besten machst du ein aromatisiertes Öl daraus. Rosmarin, Thymian, Lavendel, Estragon, Salbei, Oregano und Lorbeer eignen sich allesamt exzellent. Als Grundlage verwendest du ein möglichst neutrales Öl, etwa Raps-, Sonnenblumen- oder ein mildes Olivenöl.

PASTA À LA * ANTIPASTI PER DUE *

WAS DA SEIN SOLLTE:

Pasta deiner Wahl
Tomatensugo (siehe S. 119)
Reste einer gemischten italienischen Vorspeisenplatte
Salz

Egal, bei welchem Italiener ich bestelle, am Ende ist doch fast immer das Gleiche auf der Antipastiplatte übrig (nicht, dass dies verwerflich wäre):

Vitello Tonnato
eingelegtes Gemüse
Oliven
Mozzarella
Tomaten
Parmesan
ein paar Grissini

Nimm einfach alles, was übrig geblieben ist!

ZUBEREITUNG:

❶.
Die Pasta in Salzwasser al dente kochen und in einem Sieb abtropfen lassen.

❷.
Einige EL Tomatensugo noch einmal kurz aufkochen.

❸.
Fertige Pasta in die Sauce geben und beides noch einmal kurz erhitzen.

❹.
Den Rest der Antipasti locker unterheben.

Wichtig ist, die Sauce nun nicht noch einmal aufkochen zu lassen, sonst verlieren die Antipasti ihre Konsistenz und ursprüngliche Farbe. Wäre doch schade, wenn die rosa Scheiben des Kalbsfleisches auf einmal grau und trocken wären.

VARIANTE

ANTIPASTI-NUDELSALAT

Alternativ kannst du die Pasta kochen, abschrecken und mit den Antipasti-Leftover einen Nudelsalat zaubern. Dafür einfach die Nudeln mit den Antipasti garnieren und alles mit einer Vinaigrette würzen. Schmeckt auch am übernächsten Tag super mittags im Büro.

Ich habe es oft erlebt: Man geht zum Italiener und bestellt Pizza oder Pasta. Aber irgendwie hat man das Gefühl, noch was Gesundes dazuordern zu müssen. Ein echter Klassiker in dem Moment: der Rucola-Tomaten-Salat. Der sorgt fürs gute Gewissen der Figur gegenüber, sodass Pasta oder Pizza gleich viel besser schmecken – logo, dass der Salat am Ende übrigbleibt.

Die gute Nachricht: Hieraus lässt sich eine hervorragende Pasta zaubern – oder optional ein Nudel-Tomaten-Rucola-Salat.

TOMATENSALAT GOES PASTA

WAS DA SEIN SOLLTE:

Tomatensalat-Leftover
vom Lieblingsitaliener

Pasta
deiner Wahl

Salz

ZUBEREITUNG:

❶.
Pasta in Salzwasser al dente kochen und in einem Sieb abtropfen lassen.

❷.
Die Reste des Tomatensalates in eine Pfanne geben, aufkochen und den Fond kurz ein wenig einkochen lassen.

❸.
Die Pasta dazugeben.

❹.
Gegebenenfalls mit ein wenig geriebenem Parmesan abrunden.

VARIANTE

GAZPACHO A LA ITALIANA

Eine weitere Option, seinen Tomatensalat weiterzuverarbeiten: Gib einfach noch ein wenig **frische, grob zerkleinerte Gurke** und **Paprika** hinzu und pürier alles zusammen. Das Ergebnis: eine super Gazpacho (aber erzähl das bitte keinem Spanier!). **PSSST!**

Hier wären wir wieder bei einem meiner Lieblingsthemen: Brot. Viel zu viel Brot wird meist viel zu leichtfertig entsorgt – obwohl es, korrekte Lagerung vorausgesetzt, ein Lebensmittel ist, aus dem eigentlich gar kein Müll entstehen kann. Zumindest, wenn man findig genug ist, es clever weiterzuverarbeiten. Päppeln wir also unsere altbackene Focaccia wieder auf und machen daraus knusprige Croûtons.

FOCACCIA-KNUSPER

WAS DA SEIN SOLLTE:

Focaccia
Olivenöl

ZUBEREITUNG:

1.
Backofen auf 180 °C (Ober-/Unterhitze) vorheizen.

2.
Focaccia-Reste in Würfel schneiden, in eine Backform geben und mit Olivenöl beträufeln.

3.
Die Backform ca. 8 Minuten in den vorgeheizten Ofen schieben.

Die Croûtons passen perfekt zu Blattsalaten, als Topping für Aufläufe (siehe S. 117) oder dienen als ideale Grundlage für einen Brotsalat (siehe S. 58). Richtig gelagert – nämlich in Tupperware an einem dunklen, trockenen Ort – halten sie sich bis zu 3 Monate.

DER PHO BO

* RAMEN FOND *

Reichhaltige asiatische Suppen machen satt. Aber oft ist man von der Einlage so satt, dass eine stattliche Portion Suppenflüssigkeit übrig bleibt.

Ist dieser Rest bislang immer in eurem Abfluss gelandet? Dann habe ich eine bessere Idee. Denn für die Kanalisation ist die würzige Brühe definitiv zu schade!

WAS DA SEIN SOLLTE:

Rest einer klaren asiatischen Brühe

ZUBEREITUNG:

Den Suppenrest durch ein feines Sieb passieren, noch mal aufkochen und dann je nach Bedarf entweder einwecken (siehe S. 91), einfrieren oder – wenn eine baldige Nutzung absehbar ist – einfach im Kühlschrank aufbewahren.

WEITERVERARBEITUNG:

Was lässt sich nun alles mit dem Fond anstellen? Eine Menge! Nutze ihn beispielsweise:

als Grundfond für ein Curry,

als Grundfond für den nächsten Glasnudelsalat

oder als Basis für die nächste Hühnerbrühe.

Kurzum: überall dort, wo ein asiatischer Touch gewünscht ist.

KAROTTEN-INGWER-SUPPE MIT CHICKEN-SATÉ

VARIANTE

WAS DA SEIN SOLLTE:

Für die Suppe
Ingwer (nach Belieben)
Zwiebel
Karotten
Currypaste
Pflanzenöl
Pho-Bo-Fond (alternativ Wasser)
Salz

Für die Spieße
Hühnerbrust
Erdnusssauce (Fertigprodukt)
Holzspieße

ZUBEREITUNG:

1. Die Holzspieße ca. 1 Stunde in kaltem Wasser einweichen. So verhinderst du, dass das Hähnchen später am Spieß klebt.

2. Ingwer reiben und Zwiebel fein hacken. Karotten in Scheiben schneiden.

3. Ingwer und Zwiebel mit der Currypaste in Pflanzenöl anschwitzen. Mit dem Pho-Bo-Fond ablöschen.

4. Karotten dazugeben, mit Wasser oder Brühe im Verhältnis 3:1 (Flüssigkeit : Karotte) auffüllen und 10 Minuten kochen lassen.

5. Das Hühnchen in ca. 1 cm dicke Streifen schneiden und auf die Holzspieße stecken. Die Erdnusssauce in ein Gefäß füllen und dann die Hähnchenspieße hinein tauchen. Spieße in einem Schuss Öl bei sehr geringer Hitze ca. 3 Minuten je Seite anbraten, bis das Hähnchen gar ist.

6. Sobald die Karotten weich sind, die Suppe mit dem Stabmixer pürieren und mit Salz abschmecken.

7. Suppe gemeinsam mit den Spießen anrichten und heiß servieren.

TOPPINGS

Koriander
gehackte Erdnüsse
Sesam

THAI CURRY FOND

Ähnlich wie klare asiatische Brühen, lassen sich auch Curry-Reste bestens weiterverwerten. Wenn es der Lieblingslieferthailänder mal wieder zu gut mit der Sauce meinte, hast du künftig die perfekte Grundlage für ein eigenes Curry oder Suppen. So könnt ihr zum Beispiel jeder Topf- oder Ofentopfsuppe (ab S. 33) eine Kokosnote verpassen. Diese Art der Zweifachnutzung ist nicht nur ressourcenschonend, sondern auch unglaublich wirtschaftlich, wenn man bedenkt, was Currypasten und Kokosmilch im Einzelhandel kosten.

WAS DA SEIN SOLLTE:

Saucenrest eines Thai-Currys
(oder ähnliches Curry)

ZUBEREITUNG:

Die Sauce durch ein feines Sieb passieren, noch mal aufkochen und dann je nach Bedarf entweder einwecken, einfrieren oder – wenn eine baldige Nutzung absehbar ist – einfach im Kühlschrank aufbewahren.

VARIANTE

KARTOFFEL-LINSEN-CURRY

WAS DA SEIN SOLLTE:

Kartoffeln (3 Teile)
Zwiebel
Tellerlinsen (1 Teil)
Pflanzenöl
die flüssigen Reste eines Thai-Currys (rot / grün / gelb)
evtl. Gemüsereste aus dem Kühlschrank

ZUBEREITUNG:

❶. Kartoffeln schälen und in ca. 2 cm große Würfel schneiden. Zwiebel schälen und fein würfeln.

❷. Die trockenen Linsen zusammen mit den Zwiebelwürfeln in Öl anschwitzen. Mit den flüssigen Resten des Thai-Currys aufgießen.

❸. Die Kartoffeln dazugeben und gemeinsam mit den Linsen bissfest kochen (15–20 Minuten). Sollte zu wenig Flüssigkeit vorhanden sein, immer wieder etwas Wasser dazugeben, bis Kartoffeln und Linsen gar sind, die Linsen dürfen ruhig noch etwas Biss haben.

❹. Wenn vorhanden, Gemüse-Leftover in gleichmäßig große Stücke schneiden und am Ende des Kochvorgangs ca. 5 Minuten mitgaren.

OMAS TIPP

GESCHÄLTE KARTOFFELN IM WASSERBAD

Wenn du eine größere Menge Kartoffeln schälen musst und verhindern willst, dass sie schwarz werden, hilft kaltes Wasser. Zwar kann man den Austritt der Stärke aus den Kartoffeln nicht vermeiden, wohl aber deren Oxidation verhindern, die für die ungewünschte Färbung verantwortlich ist.
Dazu einfach die geschälten Kartoffeln in eine mit Wasser gefüllte Schüssel (oder einen Eimer, wenn du sehr viele Kartoffeln schälen musst) geben. Danach möglichst schnell weiterverarbeiten.

GLASNUDEL WAN TAN

Manchmal muss man alte Dinge einfach nur neu verpacken und schon erstrahlen sie in einem völlig anderen Glanz. Hast du asiatisch bestellst und nun etwas Glasnudelsalat über, ist das gar nicht schlimm. Liegen dann im Tiefkühler noch ein paar Wan-Tan-Blätter rum (die es ja oft nur im 100er-Pack gibt), macht man sich daraus einfach ein paar Glasnudel-Wan-Tans. Passende Dips findest du bei den Leftover-Dips (ab S. 71).

TIPP

Um das Frittieröl so oft wie möglich verwenden zu können, füllt man es nach Möglichkeit unmittelbar nach Verwendung durch ein Sieb in ein Metallgefäß und lässt es dort auskühlen.

WAS DA SEIN SOLLTE:

Wan-Tan-Blätter
Glasnudelsalatreste
Semmelbrösel (optional)
Öl zum Frittieren

ZUBEREITUNG:

❶.
Wan-Tan-Blätter auftauen lassen.

❷.
Den Glasnudelsalat über einem Sieb noch ein wenig abtropfen lassen und im Zweifel ein paar Semmelbrösel (z. B. aus Brotresten) daruntermischen, um noch etwas Feuchtigkeit zu binden.

❸.
Die Wan-Tan-Blätter einseitig mit etwas Wasser bepinseln, den Glasnudelsalat jeweils mittig platzieren und die Wan Tans zu Dreiecken falten. An den Kanten fest zusammendrücken.

❹.
Das Öl bei mittlerer Hitze heiß werden lassen – ein einfacher Holzlöffel hilft zur Bestimmung der richtigen Öltemperatur: Hält man den Löffelstiel in das heiße Öl und es entstehen kleine Bläschen an ihm, ist das Öl heiß genug; es sollte niemals rauchen, deshalb die Hitze dann reduzieren. Ist das Öl heiß genug, die Wan Tans knusprig darin ausbacken und auf Küchenpapier abtropfen lassen.

VARIANTE

SOMMER- BZW. FRÜHLINGSROLLEN

Genauso lassen sich auch auch Sommer- bzw. Frühlingsrollen zubereiten, einfach Reispapier oder Frühlingsrollenteig verwenden. Die Handhabe bei Frühlingsrollen ist identisch wie bei Wan Tans, nur dass in dem Fall gerollt und nicht gefaltet wird. Bei der Zubereitung der Sommerrollen auf Reispapierbasis muss das Reispapier im Vorfeld eingeweicht werden; außerdem wird es nicht frittiert.

POST-SUSHI-
* MILCHREIS *

Ein bekanntes Problem:
Man hat mit Freunden zu Hause Sushi gemacht und ein Haufen Reis bleibt übrig. Wenn der bis dato in der Tonne landete, dann kommt hier die deutlich bessere Verwertungsidee: Der Post-Sushi-Milchreis.

WAS DA SEIN SOLLTE:

Sushi-Reisreste
Milch
1 Prise Zucker
(bevorzugt brauner Rohrohrzucker)
Beilage nach Wahl
(z. B. Zimt, Kirschen, Marmelade)

ZUBEREITUNG:

1. Reisreste in einen Topf geben.

2. Milch zugießen, bis der Reis gerade bedeckt ist. Den Zucker dazugeben.

3. Unter ständigem Rühren aufkochen lassen, dann bei geringer Hitze köcheln lassen, bis die gewünschte Konsistenz erreicht ist. Dabei konstant weiterrühren.

4. Mit der Beilage servieren.

UPGRADE

Wer mag, kann den Milchreis anschließend noch mit einer Muscovado-Zimt-Mischung bestreuen und mit dem Bunsenbrenner gratinieren.

VARIANTE

MIT FISCH-LEFTOVER

Wer auch mehr Fisch gekauft hat, als die Gäste Hunger hatten, kann daraus einen deftigen Milchreis zaubern. Diese Variante solltest du direkt am nächsten Tag kochen, damit der Fisch noch frisch ist. Vorher sicherheitshalber eine Geruchsprobe machen!

WAS DA SEIN SOLLTE:

Fisch-Leftover
Sushi-Reisreste
Kokosmilch
Nori-Algen
Erbsen (TK)
Zitronensaft
Sojasauce

HOT!
Wer es gerne spicy mag, kann noch übriges Wasabi in den Reis rühren.

ZUBEREITUNG:

❶. Fisch-Leftover dünn aufschneiden.

❷. Reisreste in einen Topf geben und Kokosmilch zugießen, bis der Reis gerade bedeckt ist.

❸. Nori-Algen nach Geschmack dazugeben (sparsam sein!).

❹. Unter ständigem Rühren aufkochen lassen, dann bei geringer Hitze unter ständigem Rühren köcheln lassen, bis die gewünschte Konsistenz erreicht ist.

❺. Kurz vor Schluss den Fisch zugeben und die tiefgekühlten Erbsen unterziehen.

❻. Alles zusammen bei geringer Hitze 4–5 Minuten ziehen lassen, bis der Fisch glasig ist und die Erben warm sind.

❼. Mit Salz, Pfeffer, einem Spritzer Zitronensaft und einem Schuss Sojasauce abschmecken.

AFTER INDER REISSALAT

Wer beim Inder bestellt, bekommt bekanntermaßen einen Haufen Reis. Meist mehr, als man alleine essen kann. Der After-Inder-Reissalat ist eine tolle Möglichkeit, um ihn zu verwerten. Übrigens: Ich habe mir mittlerweile angewöhnt, mir auch beim Besuch eines indischen Restaurants den übrigen Reis einpacken zu lassen. Sonst landet er nämlich sowieso nur in der Tonne. Gelegentlich ernte ich dafür komische Blicke, aber damit kann ich leben.

WAS DA SEIN SOLLTE:

- **alle Gemüse-Leftover** mit Knack
- **Pflanzenöl**
- **Brühe** (alternativ: Wasser)
- **Reisreste**
- **Reisessig**
- **Salz / Pfeffer**

ZUBEREITUNG:

❶. Gemüse dünn schneiden.

❷. Öl in einer Pfanne erhitzen und das Gemüse kurz darin anschwitzen.

❸. Soviel Brühe hinzugeben, bis das Gemüse gerade bedeckt ist. Bei mittlerer Hitze garen, bis das Gemüse bissfest ist. Gegebenenfalls überschüssiges Wasser abgießen (ein Rest von ca. 1 Tasse sollte allerdings in der Pfanne verbleiben).

❹. Reis dazugeben, verrühren und alles mit Reisessig, Salz und Pfeffer abschmecken.

LIKE

Mango / Kirschtomaten / Romana-Salat / Pulled Chicken Teriyaki (siehe S.182) / Kohlrabi

Bratenreste & Co.

SUNDAY LEFTOVER

Egal ob sonntags, zu Ostern, Weihnachten oder zum Grillfest: Der Braten bringt Familie und Freunde an einen Tisch und ist wohl eine der größten kulinarischen Freuden. Doch weil so ein Braten zu den aufwendigeren und mengentechnisch größeren Projekten gehört, die man in der heimischen Küche so angeht, ist es mit der Portionierung immer so eine Sache. Kurzum: Braten und Leftover-Küche gehören einfach zusammen. Deshalb habe ich in diesem Kapitel verschiedene Ideen gesammelt, was du in den Tagen danach mit dem übrig gebliebenen Braten oder anderen Fleisch-Leftovern anstellen kannst. Diese reichen von einfach bis durchaus aufwendig. Gemein haben sie, dass deine Bratenreste derart weiterverwertet mindestens so viel Freude machen, wie am ersten Tag!

HÜHNER-
* FRIKASSEE *

Egal ob halber Gockel oder ganzes Hähnchen, oft bleibt etwas übrig. Ein bisschen Brust, ein Stück Keule oder du hattest einfach keine Zeit (oder Lust) das Fleisch gründlich von der Karkasse zu lösen. Macht nichts, denn das lässt sich im kalten Zustand sowieso viel besser erledigen, ohne sich die Finger zu verbrennen. Selbstverständlich wäre es schade, die Überbleibsel verkommen zu lassen. Zum Glück gibt es das Frikassee! Dort werden nicht nur alle fleischigen Leftover verwendet, sondern auch noch das letzte bisschen Geschmack aus der Karkasse geholt.

WAS DA SEIN SOLLTE:

Hühnerreste
(Fleisch und Karkasse)
Sahne
Milch
(optional)
Butter
Mehl
Pilze
Pflanzenöl
Karotten
Erbsen (TK)
Salz / Pfeffer

ZUBEREITUNG:

①.
Gesamtes Fleisch von der Karkasse lösen und in einer Schüssel auf die Seite stellen. Die Karkasse mit einem robusten Küchenmesser soweit zerlegen, dass sie in einen Topf passt und darin mit kaltem Wasser bedeckt ca. 1 Stunde bei mittlerer Hitze köcheln lassen.

②.
Den Fond durch ein Sieb gießen und in einer Schüssel auffangen.

③.
Sahne, Fond und gegebenenfalls Milch zusammenschütten. Das Verhältnis ist hierbei im Grunde nebensächlich und kann sich danach richten, was im Haus ist. Wenn von allem genug da ist, peile ein Verhältnis von 8 Teilen Fond und 2 Teilen Sahne und gegebenenfalls Milch an.

④.
Die gesamte Flüssigkeit abmessen. Für die folgende Mehlschwitze brauchst du jeweils ein Zwanzigstel der Menge an Butter sowie Mehl (also z. B. 50 g Butter und 50 g Mehl auf 1 l Flüssigkeit). Beides abwiegen und bereitstellen.

⑤.
In einem Topf die Butter bei geringer Hitze schmelzen. Das Mehl dazugeben und mit einem Schneebesen in der Butter verrühren, bis das Mehl komplett mit der Butter verbunden ist.

⑥.
Nun die Flüssigkeit dazugeben und bei geringer Hitze unter ständigem Rühren mit dem Schneebesen so lange erhitzen, bis die Flüssigkeit etwas andickt.

⑦.
Pilze in einer weiteren Pfanne bei mittlerer Hitze in etwas Öl anbraten. Karotten fein würfeln.

⑧.
Pilze, Hühnerfleisch, Karotten und Erbsen in den angedickten Sahnefond geben und 5 Minuten bei geringer Hitze unter ständigem Rühren köcheln lassen.

⑨.
Mit Salz und Pfeffer abschmecken.

RAGOUT MIT PASTA

Wenn du vom sonntäglichen Braten noch ein paar Reste im Römertopf hast (am besten samt Sauce), dann ist das die perfekte Grundlage für ein Rinderragout, das sich bestens zu Pasta macht. Selbst das Gemüse vom Schmoransatz – das üblicherweise in der Tonne landet – kommt hier noch mal zum Einsatz. Also hebe es beim nächsten Braten, den du machst, gleich auf! Und auch deine Gemüse-Leftover im Kühlschrank wirst du hier noch los. Leftover-Ragout – ein echter Alleskönner!

WAS DA SEIN SOLLTE:

Bratenreste
(z. B. Rinderroulade / Schäufele / Sauerbraten / geschmorte Rinderschulter)

Gemüsereste
vom Schmoransatz

frische Gemüse-Leftover

Pasta
deiner Wahl

Saucenreste

Salz / Pfeffer

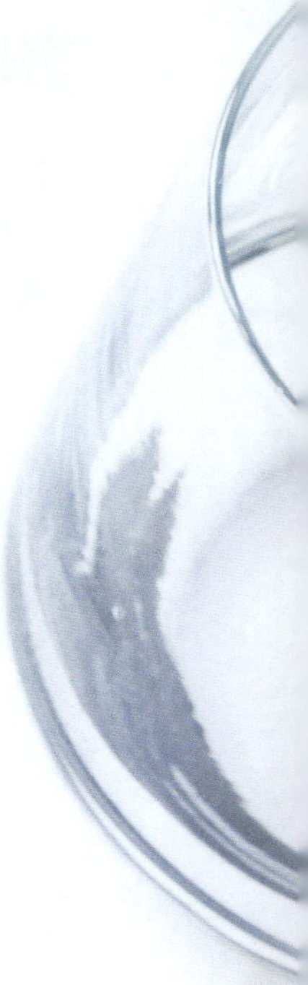

ZUBEREITUNG:

1. Bratenreste und Schmoransatz-Gemüsereste würfeln und das frische Gemüse in mundgerechte Stücke schneiden.

2. Pasta in Salzwasser al dente kochen, durch ein Nudelsieb abgießen, dabei ein wenig Nudelwasser auffangen.

3. Bratenreste und Schmoransatzgemüse zusammen mit den Saucenresten in einer Pfanne kurz aufkochen.

4. Frisches Gemüse mit zu der Bratensauce geben und kurz mitgaren – es darf allerdings noch knackig sein.

5. Pasta in die Pfanne geben und alles miteinander vermengen.

6. Einen Schuss von dem aufgefangenen Pastawasser dazugeben und alles aufkochen lassen.

OMAS TIPP Das leicht stärkehaltige Pastawasser verleiht der Sauce einen leichten Glanz und sorgt für etwas Bindung. Ein Trick, der nicht nur hier nützlich ist.

7. Mit Salz und Pfeffer abschmecken.

Wenn du nur Bratenreste übrig hast, nimmst du statt Saucenresten den ungespülten Schmortopf, kochst du ein wenig Wasser darin auf und kratzt mit einem Kochlöffel oder Schaber den Bratensatz vom Topfboden. In ihm steckt noch eine Menge Aroma. Schmoransatzgemüse kannst du notfalls einfach weglassen. Statt den übrigen Gemüse-Leftovern nimm, wenn du gerade keine hast einfach frisches Gemüse deiner Wahl, oder schau bei meinen Kombinationsvorschlägen.

MEINE LIEBSTEN GEMÜSE-KOMBINATIONEN IM LEFTOVER-RAGOUT:

→ **Rote Bete / Wirsing**
→ **Karotte / Radicchio**
→ **Pastinake / Spinat**
→ **Paprika / Aubergine**
→ **Spitzkohl / Austernpilze**
→ **Grüner Spargel / Tomate**
→ **Kürbis / Kopfsalat**

* SCHWEINEBRATEN * LEFTOVER

Sonntagmittag in Bayern.
Das heißt Schweinebraten und dazu
oa g'pflegte Hoibe.
Obwohl die Wahrscheinlichkeit
sehr gering ist, soll es doch
hier und da tatsächlich vorkommen:
Vom Schweinsbraten bleibt was übrig.
Ist dieses seltene Ereignis
eingetreten, wird es Zeit für mein
absolutes Lieblingsleftovergericht –
Linseneintopf mit Sauerkraut
und Schweinebratenresten.

WAS DA SEIN SOLLTE:

Reste vom Schweinebraten
Karotten
Kartoffeln
Zwiebel
Pflanzenöl
Beluga- oder Tellerlinsen
Schweinefond
(siehe S. 22; alternativ Wasser)
Saucenreste
Sauerkraut-Leftover
(alternativ küchenfertiges
Kraut aus der Dose)
heller Essig
Salz / Pfeffer / Zucker

ZUBEREITUNG:

1. Reste vom Schweinebraten, Karotten und Kartoffeln in mundgerechte Größe schneiden. Zwiebel fein würfeln und in etwas Öl anschwitzen.

2. Linsen dazugeben und mit Fond (oder Wasser) aufgießen, bis dieser im Topf doppelt so hoch wie die Linsen steht. Aufkochen lassen und die Linsen bei mittlerer Hitze bissfest garen.

3. Reste vom Schweinebraten, Karotten, Kartoffeln und den Saucenrest zu den Linsen geben, aufkochen lassen, auf mittlere Hitze reduzieren und das Gemüse bis zur gewünschten Garstufe kochen.

4. Anschließend das Sauerkraut dazugeben. Bei Bedarf mit weiterem Wasser aufgießen, um die Konsistenz eines Eintopfs zu erlangen. Noch mal aufkochen lassen.

5. Mit etwas Essig, Salz, Pfeffer und Zucker abschmecken.

Die Pulled Leftover machen sich super solo in einem Brötchen oder auf Brot, passen aber auch hervorragend zu Kumpir (siehe S. 114), Rote-Bete-Salat (siehe S. 55) oder lassen sich im Blätterteig Rumfort (siehe S. 124) weiterverarbeiten.

PULLED LEFTOVER

Seit einiger Zeit ist "pulled" Zubereitetes in aller Munde. Im wahrsten Sinne des Wortes. Was abseits von Food-Trends weniger bekannt ist: Die Methode eignet sich bestens, um Leftover zu verwerten. Das gilt sowohl für große Mengen rohen Fleischs, die du noch übrig hast, als auch für bereits gegarte Fleischreste. Ebenfalls wichtig aus Leftover-Sicht ist, dass sich gepulltes Fleisch wunderbar einwecken und somit lange lagern lässt. Zugegeben: Der Griff zu gegarten Leftovern mag dem Pulled-Puristen aufstoßen. Zudem verwenden wir den Backofen und nicht den Barbecue-Smoker. Letzterer ist ein großartiges Gerät, aber in kaum einem Haushalt vorhanden.

PULLED BEEF

WAS DA SEIN SOLLTE:

- Chilischote
- Knoblauch
- Koriandersaat
- rote Zwiebel
- geeignetes Leftover vom Rind* (gerne durchwachsen)
- BBQ-Sauce
- Cayennepfeffer
- Kartoffelstärke
- 1 Spritzer Zitronensaft
- Salz / Pfeffer

1. Chili und Knoblauch fein hacken, Koriandersaat mörsern, rote Zwiebeln würfeln.

2. Das Fleisch mit der BBQ Sauce, Chili, Koriandersaat, Knoblauch, Cayenne Pfeffer, Zwiebeln sowie reichlich Salz einreiben.

3. In einer Auflaufform bei Zimmertemperatur 2–3 Stunden marinieren lassen. Backofen auf 95 °C (Ober-/Unterhitze) vorheizen.

4. Das Fleisch in den Ofen geben und je nach Größe und Durchmesser für 1–8 Stunden (siehe unten) schmoren lassen. Nach ca. 1 Stunde Wasser (Menge siehe unten) in die Auflaufform geben.

5. Um zu testen, ob das Fleisch gar ist, versucht man, es einfach mit einer Gabel zu zerdrücken. Sobald es sich problemlos in die einzelnen Fasern zerdrücken lässt, ist es fertig. Wenn es soweit ist, das Fleisch aus dem Ofen nehmen und auf ein großes Brett (im Bestfall mit Saftrinne) packen. Das Wasser in der Auflaufform aufheben.

6. Fleisch ein wenig andrücken und anschließend mit zwei Gabeln zerpflücken, bis es in mundgerechte Stücke zerlegt ist. Den entstandenen Saft mit dem Wasser in der Auflaufform in einen großen Topf geben und aufkochen lassen. Kartoffelstärke in etwas kaltem Wasser anrühren und zum Abbinden in den Topf geben.

7. Das gezupfte Fleisch dazugeben und mit der Sauce vermischen.

8. Mit Salz, Pfeffer und einem Spritzer Zitronensaft abschmecken.

***GEEIGNETE AUSGANGSTEILE VOM RIND:**

ROHE LEFTOVER:
Filet, Nacken, Schulter, Querrippe/Short Rib, Kronfleisch, Hüfte, Herz, Rib Eye/Entrecôte

GEGARTE LEFTOVER:
Steak, Braten, Rouladen, Tafelspitz, Roastbeef, Suppenfleisch

GARDAUER, WASSERMENGE UND FLEISCHMASSE

Gegarte Leftover: ca. 1 Stunde Gardauer, ca. 150 ml Wasser

400-g-Stück roh: ca. 4 Stunden Gardauer, 200 ml Wasser

1,2-kg-Stück roh: ca. 6 Stunden Gardauer, 600 ml Wasser

2,2-kg-Stück roh: ca. 8 Stunden Gardauer, 1,1 l Wasser

*GEEIGNETE AUSGANGSTEILE VOM SCHWEIN:

ROHE LEFTOVER:
Filet, Nacken, Schulter, Backe, Rücken, Oberschale, Bauch

GEGARTE LEFTOVER:
Nackensteak, Medaillons, Schweinebratenreste, Eisbeinreste, Kotelette, Spareribs, Involtini, Schäufelereste, Schweinebauch

---

GARDAUER, WASSERMENGE UND FLEISCHMASSE

Gegarte Leftover: ca. 1 Stunde Gardauer, ca. 150 ml Wasser

400-g-Stück roh: ca. 4 Stunden Gardauer, 200 ml Wasser

1,2-kg-Stück roh: ca. 6 Stunden Gardauer, 600 ml Wasser

2,2-kg Stück roh: ca. 8 Stunden Gardauer, 1,1 l Wasser

PULLED PORK * HOISIN *

WAS DA SEIN SOLLTE:

- **Chilischote**
- **Ingwer**
- **Hoisin-Sauce**
- **Fischsauce**
- **geeignetes Leftover vom Schwein*** (gerne durchwachsen)
- **Zwiebel**
- **Karotten**
- **Knoblauch**
- **Salz / grober Pfeffer**

1. Chili und Ingwer fein hacken und mit einem großzügigen Schuss Hoisin-Sauce, einigen Spritzern Fischsauce und gemahlenem Pfeffer zu einer Marinade vermischen.

2. Die Marinade richtig schön in das Fleisch einmassieren. Das Fleisch anschließend 1–2 Stunden bei Zimmertemperatur marinieren.

3. Backofen auf 95 °C (Ober-/Unterhitze) vorheizen.

4. Zwiebel und Karotten in grobe Stücke schneiden und in eine Auflaufform geben.

5. Mariniertes Schweinefleisch auf die Karotten und Zwiebeln setzen.

6. Das Fleisch in den Ofen geben und, je nach Größe und Durchmesser, 1–8 Stunden (siehe links) schmoren lassen. Nach ca. 1 Stunde Wasser (Menge siehe links) in die Auflaufform gießen.

7. Um gegen Ende der Garzeit zu testen, ob das Fleisch gar ist, versucht man es einfach mit einer Gabel zu zerdrücken. Sobald es sich problemlos in die einzelnen Fasern zerdrücken lässt, ist es fertig.

8. Wenn es soweit ist, das Fleisch aus dem Ofen nehmen und auf ein großes Brett (im Bestfall mit Saftrinne) legen. Die Flüssigkeit in der Auflaufform aufheben.

9. Fleisch ein wenig andrücken und anschließend mit zwei Gabeln in mundgerechte Stücke zerpflücken.

10. Den entstandenen Saft mit der Flüssigkeit aus der Auflaufform in einen großen Topf geben und aufkochen lassen. Kartoffelstärke in etwas kaltem Wasser anrühren und zum Abbinden in den Topf geben.

11. Das zerzupfte Fleisch dazugeben und mit der Sauce vermischen. Mit Salz und Pfeffer abschmecken.

PULLED CHICKEN * TERIYAKI *

WAS DA SEIN SOLLTE:

- **Chilischote** (oder Sambal Oelek)
- **Teriyaki-Sauce** (dickflüssig)
- **Zitrone** (Saft / Abrieb)
- **rohe oder gegarte Hähnchen-Leftover** aus Brust oder Keule
- **Pflanzenöl**
- **Salz / grober Pfeffer**

1. Chili fein hacken und mit einem großzügigen Schuss Teriyaki-Sauce, Zitronenabrieb und etwas grob gemahlenem Pfeffer eine Marinade herstellen.

2. Backofen auf 95 °C/110 °C (siehe rechts; Ober-/ Unterhitze) vorheizen.

3. Wenn rohes Fleisch verwendet wird, dieses in einer ofenfesten Pfanne bei starker Hitze in etwas Öl anbraten, bis es von allen Seiten goldbraun ist. Wieder aus der Pfanne nehmen.

4. Das Fleisch mit der Marinade bestreichen und mit etwas Wasser zurück in die Pfanne legen. Pfanne samt Huhn in den Ofen geben und dort schmoren lassen (Dauer siehe rechts).

5. Nach 10 Minuten etwas Wasser in die Auflaufform geben.

6. Um zu testen, ob das Fleisch gar ist, versucht man es einfach mit einer Gabel zu zerdrücken. Sobald es sich problemlos in die einzelnen Fasern zerdrücken lässt, ist es fertig.

7. Wenn es soweit ist, das Fleisch aus dem Ofen nehmen und auf ein großes Brett (im Bestfall mit Saftrinne) packen. Die Flüssigkeit in der Auflaufform aufheben.

8. Fleisch ein wenig andrücken und anschließend mit zwei Gabeln in mundgerechte Stücke zerpflücken. Den entstandenen Saft mit der Flüssigkeit in der Auflaufform in einen großen Topf geben und aufkochen lassen. Kartoffelstärke in etwas kaltem Wasser anrühren und zum Abbinden in den Topf geben.

9. Das zerzupfte Fleisch dazugeben und mit der Sauce vermischen. Mit Salz, Pfeffer und einem Spritzer Zitronensaft abschmecken.

GARDAUER

Brust roh: ca. 45 Minuten

Brust gegart: 20–25 Minuten

Keule roh: 1 Stunde (bei 110 °C)

Keule gegart: 35–40 Minuten

PULLED LACHS * LEMON *

WAS DA SEIN SOLLTE:

Lachs (im Idealfall roh)
Zitronengras
Sesamöl (alternativ ein anderes Pflanzenöl)
Weißwein (korkende Weine sind hierfür prädestiniert)
Limette (Saft / Abrieb)
Kartoffelstärke
Salz / Pfeffer

❶.
Backofen auf 95 °C/110 °C vorheitzen.

❷.
Den Lachs in einer ofenfesten Pfanne zusammen mit dem Zitronengras in etwas Sesamöl anbraten.

❸.
Mit reichlich Weißwein ablöschen.
Limettensaft und -abrieb dazugeben.

❹.
Pfanne mit einem Deckel (zur Not auch Aluminiumfolie) abdecken.

❺.
Lachs 15 Minuten im Ofen garen.

❻.
Pfanne aus dem Ofen nehmen, den Lachs vorsichtig aus der Pfanne heben und zur Seite stellen.

❼.
Kartoffelstärke in etwas kaltem Wasser anrühren und zum Abbinden in den Topf geben.

❽.
Lachs wieder dazugeben und sanft in der Pfanne zerrupfen.

❾.
Mit Salz und Pfeffer abschmecken.

Guazzetto lässt sich irgendwo zwischen Eintopf und Sauce verorten. In einer Trattoria, in der ich eine Zeit lang als Koch gearbeitet habe, lernte ich eine leicht abgewandelte Version kennen, die mich bis heute begleitet. An dieser Stelle will ich sie dir nicht vorenthalten, denn mit ihr bekommen alle Leftover aus der Rinderbacke oder -schulter eine perfekte zweite Chance.

LEFTOVER * GUAZZETTO *

WAS DA SEIN SOLLTE:

Leftover von der Rinderbacke oder -schulter (gegart)

Saucen-Leftover (falls vorhanden)

passierte Tomaten

Austernpilze

Pflanzenöl

Thymian

Kirschtomaten oder Tomaten

Rucola

Zitronenabrieb

Salz / Pfeffer

ZUBEREITUNG:

1. Fleischreste zusammen mit etwas Wasser und der Sauce bei niedriger Hitze zum Kochen bringen. Die Tomaten dazugeben.

2. Alles zusammen 20–30 Minuten köcheln lassen, bis sich das Fleisch mithilfe einer Gabel zerdrücken lässt.

3. Pilze in einer separaten Pfanne in etwas Öl zusammen mit dem Thymian anbraten. Mit Salz und Pfeffer würzen und zum Fleisch geben.

4. Guazzetto von der Hitze nehmen und etwas abkühlen lassen, bis es nur noch warm ist.

5. In der Zwischenzeit die (Kirsch-)Tomaten halbieren und den Rucola waschen. Beides vorsichtig unter das Guazetto heben.

6. Mit etwas Zitronenabrieb sowie Salz und Pfeffer abschmecken.

Ich bin der Überzeugung, dass unsere Zivilisation ihren Ursprung an einem Lagerfeuer nahm. Dort hing ein Topf an einem Dreibein über dem Feuer und der Inhalt köchelte stundenlang vor sich hin, während alles hineinfand, was den Tag über gejagt und gesammelt wurde. Ein waschechter Eintopf eben. Da ist es fast schon bezeichnend, dass wir heutzutage immer weniger Eintöpfe essen und noch seltener zum Essen zusammenkommen. Doch unter Leftover-Köchen sieht die Sache anders aus, denn für uns ist der Eintopf essenziell. Und diese simple Variante hier nimmt all deine Braten- und Suppenfleischreste dankbar auf.

VOM BRATEN IN DEN GRAUPENEINTOPF

WAS DA SEIN SOLLTE:

Graupen

Karotten

Kartoffeln

Braten- und / oder Suppenfleisch-Leftover
(gegart)

Thymian

Salz / Pfeffer

OMAS TIPP

ROHES FLEISCH

Rohes Fleisch, vor allem Hack, ist sehr anfällig für Bakterien. Daher solltest du darauf achten, dass es nicht zu lange unverarbeitet im Kühlschrank lagert. Falls du also mal nicht schnell genug dazu kommst, es zu verarbeiten, gibt es zwei Optionen: Entweder frierst du es portionsweise oder im Ganzen ein oder du brätst es einfach schon im Voraus an. Denn einmal durchgebraten hält sich das Fleisch einige Tage. So gewinnst du Zeit, um dir zu überlegen, was du damit anstellst – Chili con Carne oder doch Bolognese?

ZUBEREITUNG:

❶. Die Graupen in gesalzenem Wasser bissfest kochen.

❷. Währenddessen Karotten, Kartoffeln und Fleisch-Leftover in mundgerechte Würfel schneiden.

❸. Alles in den Topf zu den Graupen geben. Bei Bedarf etwas Wasser nachgießen.

❹. Einmal aufkochen und dann bei mittlerer Hitze köcheln lassen, bis das Gemüse die gewünschte Konsistenz erreicht hat.

❺. Die Thymianblättchen dazugeben und mit Salz und Pfeffer würzen.

GESOTTENES * LEFTOVER * VOM RIND AUF SAUERKRAUTBROT

Gesottenes? Das Wort kommt von sieden. Gesottenes Rindfleisch ist also ein sanft gekochtes Rindfleisch. Und das fällt bekanntlich des Öfteren an, wenn Suppen, Eintöpfe, Tafelspitz oder das in Österreich beliebte Schulterscherzel zubereitet werden. Sollte davon etwas überbleiben, habe ich hier eine sehr einfache und zudem wirklich köstliche Lösung für dich. Du wirst es essen und dich fragen, wie du nur so lange ohne dieses Brot leben konntest!

WAS DA SEIN SOLLTE:

ein Stück gesottenes Rindfleisch

eine alte Scheibe Brot

Sauerkraut aus dem Glas

Senf

Hartkäse (im Idealfall Cheddar – Gruyère oder Tilsiter tun es aber auch)

Pfeffer

ZUBEREITUNG:

- Backofen auf ca. 180 °C (Ober-/Unterhitze) vorheizen.
- Rindfleisch in fingerdicke Scheiben schneiden, in einer Pfanne mit ca. 4 EL Wasser kurz aufkochen, aus der Pfanne nehmen und zur Seite legen.
- Brot von beiden Seiten in die restliche Flüssigkeit der Pfanne legen, sodass es sich vollsaugt. Ohne Hitze in der Pfanne liegen lassen.
- Sauerkraut doppelt so dick wie die Fleischscheiben auf dem Brot verteilen.
- Fleisch darauflegen und etwas Senf darauf verstreichen.
- Hartkäse großzügig darüberreiben.
- Brot ca. 10 Minuten in den Ofen geben.
- Frischen Pfeffer darübermahlen.

KALTER TAFELSPITZ

Tafelspitz, ein paar Kartoffeln dazu, etwas Bouillon-Gemüse und frisch geriebener Meerrettich – in der Liste der weltbesten Sonntagsbraten ohne Frage unter den Top 10! Doch was tun, wenn wider Erwarten etwas überbleibt? Eine meiner liebsten Leftover-Varianten hilft: kalter Tafelspitz auf Feldsalat mit geriebenem Kürbis.

WAS DA SEIN SOLLTE:

Tafelspitz-Leftover (gegart)
Kürbiskernöl
Feldsalat
Hokkaidokürbis
Salz / Pfeffer

ZUBEREITUNG:

1. Tafelspitz in dünne Scheiben schneiden (im Idealfall mit einer Aufschnittmaschine).

2. Mit Kürbiskernöl beträufeln und etwas einreiben.

3. Feldsalat waschen und im Anschluss gut abtropfen lassen.

4. Die gewünschte Menge Kürbis in feine Streifen raspeln und etwas salzen und pfeffern.

5. Feldsalat auf einen Teller geben.

6. Tafelspitz und Kürbisraspel auf den Salat geben und mit Kürbiskernöl beträufeln.

UPGRADE

geröstete Kürbis- oder Pinienkerne

Tomaten

Gurkenwürfel

Karottenraspel

nie wieder Brot entsorgen

LEFTOVER STULLEN

Eines der größten Themen im Bereich Leftover, das immer mal wieder für einen – für meinen Geschmack leider zu leisen – Aufschrei sorgt, ist das Thema Brot und unser Umgang damit. Einst ein verlässlicher Partner, um die Weltbevölkerung zu ernähren, hat es mittlerweile eher den Status eines Tetrapacks: wenig Gehaltvolles drin, sorgt aber für bergeweise Müll.

Nun könnten wir an dieser Stelle noch eine Weile über den Werteverfall hinsichtlich Lebensmitteln und den Untergang der Brotkultur reden. Oder aber wir schneiden einfach unsere Brotreste auf, toasten sie und hauchen ihnen mit tollen Belägen neues Leben ein.

Zuvor noch eine Anmerkung zum Rohprodukt. Willst du ein Brot, das geschmacklich dasteht wie eine Eins, sollte es ein gutes Brot vom echten Bäcker und keines vom nullachtfünfzehn Backwaren-Discounter sein. Wenn ein Brot in etwa so viel wiegt wie eine Tüte Luft, ist in der Regel nicht viel (geschmackliche) Substanz darin (es sei denn, es ist eine Brioche).

EINEIIGER
* ZYKLOP *

EI IM BRÖTCHEN

Noch ein Brötchen über? Außerdem noch ein Ei im Kühlschrank?
Super, denn mehr braucht man nicht für diesen super simplen, aber garantiert die Endorphinausschüttung stimulierenden Snack.

WAS DA SEIN SOLLTE:

Leftover-Brötchen
Ei

VORBEREITEN:

Beim nächsten übrigen Brötchen, einfach den Deckel oberhalb der Mitte abschneiden (eine Hälfte genügt auch). Wie damals als Kind ein bisschen vom weichen Inneren herauspulen, sodass eine Mulde entsteht. In ein passendes Behältnis packen und einfrieren.

ZUBEREITUNG:

❶.
Präpariertes Brötchen bei nächstbester Frühstücksgelegenheit aus dem Tiefkühlfach holen.

❷.
Backofen auf 160 °C (Ober-/Unterhitze) vorheizen.

❸.
Ei aufschlagen und roh in die Mulde des gefrorenen Brötchens geben. Umgehend auf ein Blech mit Backpapier setzen, in den Ofen schieben und 10–12 Minuten backen. Während das Brötchen auftaut und knusprig wird, stockt das Ei.

VARIANTE

GERÜHRTER ZYKLOP

Das gleiche Prinzip klappt natürlich auch mit gerührtem Ei, dem du noch ein paar andere Geschmacksgeber zufügst. Hierfür das Ei verquirlen, salzen, Upgrade(s) hinzugeben und in die Mulde füllen. Genauso backen.

UPGRADES

→ **getrocknete Tomaten**
→ frische Kräuter wie **Schnittlauch, Petersilie, Estragon oder Kerbel**
→ **Oliven**
→ **Kapern**
→ **geräucherter Fisch**
→ **junger Blattspinat**
→ **Rucola**

TOPPINGS

Für ein besonderes Finish empfehle ich, solange der Zyklop noch warm ist, etwas **Käse** darüberzureiben. Gut machen sich z. B. **Ziegenkäse, Gruyère, Parmesan oder Emmentaler**.

Und für die Dekadenten unter den Leftover-Köchen: Ein bisschen darüber gehobelter **Alba-Trüffel** macht sich ebenfalls hervorragend.

LEBERKÄSSEMMEL
* SLOPPY JOE *

Eine deftige Leftover-Stulle, die bayerische und US-amerikanische Fastfood-Klassiker miteinander vereint: Sloppy Joe und Leberkäse-Leftover. Das sollte vor allem im Süden der Republik für Aufsehen sorgen.

FÜR DEN SLOPPY JOE:

Zwiebel
Knoblauch
Rinderhack
Pflanzenöl
Jalapeños
Tomaten
Worcestershire-Sauce
Ketchup
Senfmehl

FÜR DIE STULLE:

Leftover-Brotstulle
Leftover-Leberkäse
rote Zwiebel
Sloppy Joe
Gruyère

ZUBEREITUNG:

1. Für den Sloppy Joe Zwiebel und etwas Knoblauch fein hacken und zusammen mit dem Rinderhack in etwas Öl anbraten.

2. Jalapeños und Tomaten klein schneiden und mit ein paar Spritzern Worcestershire-Sauce und etwas Ketchup zum Hack geben. Einmal kurz aufkochen lassen und dabei darauf achten, dass sämtliches Hackfleisch durchgegart ist.

3. Backofen auf ca. 180 °C (Ober-/Unterhitze) vorheizen.

4. Für die Stulle das Brot toasten.

5. Eine Scheibe Leberkäse daraufgeben. Rote Zwiebel in dünne Streifen schneiden und mit dem Sloppy Joe auf dem Leberkäse verteilen. Zum Abschluss den Gruyère entweder in Scheiben oder grob gerieben auf der Stulle verteilen.

6. In der Mitte des Ofens backen, bis der Käse goldgelb ist.

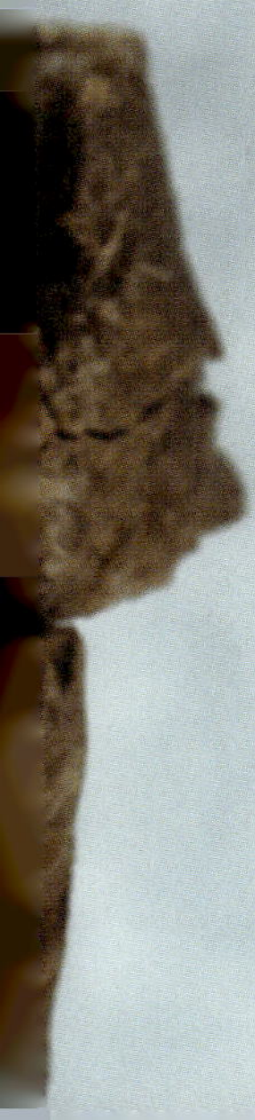

HACK-GUACAMOLE- * NACHO-BROT *

Schon anhand der Zutatenliste kann man erkennen, dass dieses Sandwich nichts für die schlanke Linie ist. Dafür ist es unglaublich lecker!

WAS DA SEIN SOLLTE:

Leftover-Brotstulle

Rinderhack

Pflanzenöl

Guacamole
(fertig oder selbst gemacht aus ½ reifen Avocado)

Jalapeños

Nacho-Leftover

Cheddar

Salz / Pfeffer

ZUBEREITUNG:

❶.
Brot trocken in einer Pfanne anrösten.
Im Anschluss das Rinderhack in etwas Öl in der Pfanne anbraten und mit Salz und Pfeffer abschmecken.
Guacamole auf dem Brot verteilen.

❷.
Jalapeños klein schneiden, mit dem gebratenen Rinderhack vermengen und auf der Guacamole verteilen.

❸.
Nachos drauf und den Käse darüberreiben.

TATAR, KAPERN, BERGKÄSE, MIXED PICKLES

Über die klassischen Tatar-Zutaten kann man meiner Meinung nach nicht streiten. Wohl aber darüber, ob alle tatsächlich ins Tatar müssen. Hier ist meine Variante, die aus jedem alten Brot das Maximum rausholt.

WAS DA SEIN SOLLTE:

sehr frisches Rinderhack,
geschnitten oder gewolft
Zwiebel (gewürfelt)
Kapern
Sardellen
Senf
Petersilie
Eigelb
Pflanzenöl
Salz / Pfeffer

ANSONSTEN:

Leftover-Brotstulle
Bergkäse
Mixed Pickles als Beilage

ZUBEREITUNG:

Rinderhack mit allen Tatar-Zutaten anmachen.
Brot in der trockenen Pfanne rösten.
Mit Tatar, Bergkäse und Pickles belegen.

SCHWEINEBRATEN-RESTESTULLE MIT COLESLAW

Ein Brot von letzter Woche, eine Scheibe Schweinebraten von gestern, dazu noch ein schneller Coleslaw und ein bisschen kräftiger Käse. So einfach kann pures Leftover-Glück sein.

COLESLAW:

WAS DA SEIN SOLLTE:

Weißkohl

Karotten

Petersilie (optional)

Mayonnaise

Schweinebraten-Leftover

Leftover-Brotstulle

Cheddar

Salz / Pfeffer

ZUBEREITUNG:

❶.
Backofen auf 220 °C (Ober-/Unterhitze) vorheizen.

❷.
Für den Coleslaw Weißkohl und Karotten in Streifen schneiden oder grob reiben. Weißkohl etwas salzen und in einem Sieb über der Spüle ausdrücken, bis der Saft aus dem Kraut läuft. Petersilie hacken.

❸.
Kohl mit Karotten, Mayonnaise, Pfeffer sowie der gehackten Petersilie vermengen und eventuell mit etwas Salz abschmecken. Schweinebraten aufschneiden.

❹.
Brot in einer Pfanne rösten. Coleslaw auf dem Brot verteilen und die Schweinebratenscheiben darüberlegen. Cheddar entweder in Scheiben oder gehobelt darüber verteilen.

❺.
Brot in den Ofen geben und unter Aufsicht ca. 10 Minuten backen, bis der Käse goldgelb ist.

WEITERE KOMBINATIONSMÖGLICHKEITEN

Kohlrabistreifen / Gruyere
Bratenreste / Sauerkraut / Cheddar
Räucherlachs / Gurke / Crème fraîche / Gruyere
gebeiztes Roastbeef / Fenchel / Ziegenkäse

OMAS TIPP

KÄSE RICHTIG AUFBEWAHREN

Ein richtig toller Käse, im Bestfall unter Aufsicht eines guten Affineurs gereift, ist nicht das günstigste Produkt auf dem Markt (zu Recht, wie ich finde). Da wäre es doch schade, wenn er in Ermangelung besserer Aufbewahrungsmethoden durch entstehendes Kondenswasser anfängt, die Art Schimmel anzusetzen, die mit den edlen Schimmelkulturen nur noch den Namen gemein hat.

Wer nun zwar guten Käse, jedoch keine spezielle Aufbewahrungslösung zur Hand hat, bedient sich am besten eines simplen Tricks meiner Oma: Gib einfach ein paar Körner Reis mit in die Aufbewahrungsbox. Denn der nimmt das entstehende Kondenswasser auf und bewahrt den Käse vor ungewolltem Pilzbefall.

Zudem pflegte Oma immer zu sagen: Käse ist erst dann schlecht, wenn du ihn nicht mehr essen willst. Recht hat sie! Denn solange kein Fremdschimmel am Käse ist, kannst du ihn theoretisch essen (selbst wenn er intensiv riecht oder zerläuft), bis der Käse goldgelb ist.

MINDESTHALTBARKEIT UND INSTINKTE

Der achtsame Umgang mit Leftovern beginnt bei der Lagerung. Wenn du ein paar simpel umzusetzende Punkte beachtest, bleiben viele Produkte deutlich länger frisch. Für den ein oder anderen mag es banal klingen, doch ich stelle häufig fest, dass viele meiner Freunde, die nicht professionell mit Lebensmitteln zu tun haben, immer wieder Anfängerfehler begehen. Deshalb hier ein paar Basics zur Lagerung, die in vielen Haushalten ganz schnell helfen können, die Mülltonne zu entlasten.

„Das MHD eines Lebensmittels ist das Datum, bis zu dem es unter angemessenen Aufbewahrungsbedingungen seine spezifischen Eigenschaften behält."
- Bundesamt für Verbraucherschutz und Lebensmittelsicherheit[3].

Das Mindesthaltbarkeitsdatum ist ein Wichtigtuer auf unseren Lebensmitteln. Es untergräbt bewusst die Autorität unserer Instinkte. Jene Instinkte, dank derer wir uns über Jahrtausende auf dieser Welt gehalten haben. Wenn mich jemand fragt, woran sie oder er erkennen könne, wann etwas schlecht sei, entgegne ich meist, dass der eigene Körper in der Regel bemerkt, wenn etwas schlecht ist. Dazu einfach mal kräftig am Lebensmittel riechen. In den meisten Fällen reicht das völlig für eine korrekte Diagnose. Übrigens rate das nicht nur ich. Auch Bundesverbraucherministerin Ilse Aigner empfahl schon 2012:

„Ist das aufgedruckte MHD erreicht oder überschritten, sollten die eigenen Sinne den Gütetest übernehmen: Sehen, riechen und probieren – das gibt in den meisten Fällen schnell Aufschluss darüber, ob ein Lebensmittel noch bedenkenlos genießbar ist"[4].

Einzige Ausnahme: Beim sogenannten Convenience-Food oder sehr stark gewürzten Lebensmitteln sind die Gerüche der Gewürze oft so stark, dass die Sinnesprobe nicht mehr unbedingt zuverlässig ist. Ansonsten gilt, das MHD dient lediglich als Grenzdatum, das anzeigt, wie lange ein Lebensmittel seine typischen Eigenschaften in Geruch, Farbe und Konsistenz behält. Bis zum Erreichen des MHDs garantiert der Hersteller die gewohnte Qualität des Lebensmittels. Immer wieder liest man davon, dass Hersteller das Datum sogar bewusst früh setzen, um mehr Produkte an verunsicherte Verbraucher zu verkaufen[5].

Deshalb lautet mein Apell ganz einfach: Verlasse dich nicht auf das Mindesthaltbarkeitsdatum. Es ist bestenfalls ein Indikator. Stattdessen nutze deine natürlichen Fähigkeiten und Instinkte, bevor du entscheidest, was weg muss.

[3] Informationstext zum Mindesthaltbarkeitsdatum des Bundesamt für Verbraucherschutz und Lebensmittelsicherheit, via https://www.bvl.bund.de/SharedDocs/GlossarEntry/M/Mindesthaltbarkeitsdatum.html

[4] Pressemitteilung des Bundesministerium für Ernährung und Landwirtschaft: „Das Mindesthaltbarkeitsdatum ist kein Verfallsdatum", 19.03.2012, via http://www.bmel.de/SharedDocs/Pressemitteilungen/2012/76-AI-Aufklaerungsaktion-zum-Mindesthaltbarkeitsdatum.html?nn=312878

[5] z.B. Engeln, Henning; Hauschild, Jana & Harf, Rainer; „Brot für den Müllberg", 03/2012 in GEOkompakt Nr. 30, zugegriffen via http://www.geo.de/natur/oekologie/3343-rtkl-lebensmittelproduktion-brot-fuer-den-muellberg

Hier werden Reste vernascht

LEFTOVER SWEETS

Lust auf Süßes? Dann guck dich einfach mal in deiner Küche um, bevor du spätabends zur Tanke aufbrichst, um dir Schokoriegel zu kaufen. Denn die Chance ist groß, dass du schon alles da hast, was du für eine Nascherei brauchst. Und zwar eine die jeden Schokoriegel weit hinter sich lässt!

In diesem Kapitel widmen wir uns in erster Linie dem Leftover Obst, doch auch aus altbackenem Brot machen wir noch feines Naschwerk. Da wir hier auch backen und weil dabei, anders als beim Kochen, das genaue Einhalten von Verhältnissen tatsächlich erfolgsentscheidend ist, findest du hier die ein oder andere Mengenangabe. In diesen Fällen macht es ausnahmsweise Sinn, sich daran zu halten.

LEFTOVER *CRUMBLE*

Crumble ist wahrscheinlich das klassische Leftover-Dessert der Briten und Amerikaner. Alles was du dafür brauchst sind ein paar Obst-Leftover, Butter, Mehl und Zucker (und im Bestfall eine Vanilleschote). Super simpel, super lecker. Ich habe noch niemanden erlebt, der dem goldbraunen Knusper auf dem warmen Obstkompott widerstehen konnte. Dazu schmeckt Vanillesauce.

WAS DA SEIN SOLLTE:

150 g Mehl (für Variationen kann man die Hälfte des Mehls auch durch gemahlene Haselnüsse oder Haferflocken ersetzen)
100 g Butter
100 g Zucker (und etwas mehr für das Obst)
Obst-Leftover
Vanilleschote

ZUBEREITUNG:

Ofen auf 160 °C (Ober-/Unterhitze) vorheizen.

Mehl, kalte Butter und Zucker in eine Schüssel geben und mit den Fingerspitzen zu Streuseln verkneten. Gegebenenfalls noch etwas Butter oder Mehl hinzufügen, bis die gewünschte Konsistenz erreicht ist.

Wenn Zeit ist: Streusel 15–20 Minuten in den Kühlschrank stellen, damit sie fest werden und ihre Form behalten.

Obst entkernen und in mundgerechte Stücke schneiden. Zusammen mit etwas Zucker und dem Mark einer Vanilleschote in einer Auflaufform verteilen. Streusel auf dem Obst verteilen.

Den Crumble 30 Minuten auf der mittleren Schiene im Ofen backen.

Vor dem Servieren etwas abkühlen lassen.

MEINE LIEBLINGSKOMBIS:

Apfel / Rhabarber
Birne / Zimt / brauner Rum (einfach einen Schuss zum Obst geben)
Kirsche
Erdbeere / Rhabarber / Waldmeister
Pfirsich / Brombeere

MARMELADE

Passionierte Hobby-Gärtner und deren Freunde und Familien kennen das Thema: Die Ernte ist üppig ausgefallen und es gibt jede Menge Obst der Saison. So viel, dass man gar nicht weiß, was man damit anstellen soll. In solchen Momenten hilft ein Klassiker der Leftover-Küche: Das Einkochen zu einer Marmelade. Ob sortenrein oder gemischt ist hier egal.

MEINE LIEBLINSGKOMBIS:

- **Pfirsich / Brombeeren / Thymian**
- **Orange / Glühwein / Zimt**
- **Zwetschge / Vanille / Anis**
- **Apfel / Haselnuss**
- **Obstsalat / Tonkabohne**
- **Birne / Rum / Vanille**
- **Mirabelle / Rosmarin**

WAS DA SEIN SOLLTE:

Obst-Leftover
Gelierzucker
Twist-off Gläser / grober Trichter

ZUCKERREDUZIERTE VARIANTE

***ACHTUNG*:**
je weniger Zucker, desto geringer die Haltbarkeit!

Geliermittel auf Agar-Agar-Basis
natürliches Süßungsmittel
(z. B. Birnendicksaft, Agavendicksaft)

ZUBEREITUNG:

1.
Obst waschen, ggfs. entkernen und auf die gewünschte Größe schneiden – für stückige Marmelade grob, für feine Marmelade fein.

2.
Früchte mit dem Gelierzucker bzw. den anderen Zutaten in einer Schüssel vermengen und im Idealfall ein paar Stunden beiseitestellen.

3.
Die Gläser, wie beim Thema Einwecken (S. 91) beschrieben, sterilisieren.

4.
Das Obst in einen Topf geben und bei geringer Hitze unter ständigem Rühren langsam aufkochen lassen. Sobald es kocht, weitere 2–3 Minuten kochen lassen und schließlich vom Herd nehmen. Pürieren, bis die gewünschte Konsistenz erreicht ist.

5.
Die Gläser auf ein Küchentuch stellen und die heiße Marmelade einfüllen. Dabei ca. 1 cm Platz zum Rand lassen. Anschließend fest mit dem Deckel verschließen und abkühlen lassen.

OMAS TIPP

Beim Abkühlen sollte ein Unterdruck entstehen, was du daran siehst, dass sich der Deckel nach unten wölbt – und auch ein hörbares „Plopp" machen sollte. Geschieht dies, ist das Glas dauerhaft verschlossen.

RUMTOPF

Wenn ich an Rumtopf denke, kommen mir die wildesten Erinnerungen an lang vergangene Tage. Würde ich meine Mutter fragen, könnte sie sich wahrscheinlich daran erinnern, dass im fertigen Rumtopf weit weniger Früchte waren, als ursprünglich den Weg in den Topf gefunden hatten. Wie das passiert ist, kann bis heute niemand so genau erklären...

Um einen Rumtopf anzusetzen braucht man, neben Rum, insbesondere zwei Dinge: ein wenig Beharrlichkeit und einen Haufen heimisches Obst. Denn ein Rumtopf entsteht nicht an einem Tag. Stattdessen wird er in der Erdbeersaison angesetzt und im Laufe des Jahres gepflegt, indem man ihn immer wieder mit dem Obst der Saison „füttert“.

Als Belohnung für die Ausdauer ist das Obst anschließend konserviert – und zwar auf die wohl spaßigste Art und Weise. Schlürft man das Ergebnis am Jahresende mit Freunden oder Familie, können legendäre Abende geschehen. Ich spreche da aus Erfahrung.

WAS DA SEIN SOLLTE:

FRÜHLING BIS FRÜHSOMMER:

Rumtopfgefäß
Erdbeeren, Zucker (1:1)
Zimtstangen
Rum (54 Vol.-%)
zum Auffüllen

SOMMER:

Süßkirschen, Zucker (1:1)
Sauerkirschen, Zucker (1:1)
Vanilleschote
Pfirsich, Zucker (2:1)
Rum (54 Vol.-%)
zum Auffüllen

SPÄTSOMMER BIS HERBST:

Zwetschgen, Zucker (2:1)
Zimtstangen
Birnen, Zucker (2:1)
Vanille
Rum (54 Vol.-%)
zum Auffüllen

ZUNÄCHST EIN PAAR ALLGEMEINE HINWEISE:

Als Gefäße eignen sich im Grunde alle verschließbaren, großen Gefäße. Ein Rumtopf aus Steingut ist ideal, doch ein großes Glasbehältnis mit Spannbügel oder ein dicht verschließbarer Eimer erfüllen ebenfalls den Zweck.

Während des gesamten Herstellungsprozesses ist darauf zu achten, dass der Rumtopf kühl und dunkel steht. Ideal eignen sich dafür etwa die Abstellkammer oder der Keller.

Ein weiterer wichtiger Punkt ist die Makellosigkeit des Obstes. Ist z. B. eine Erdbeere matschig und läuft Gefahr zu schimmeln, kann dies am Ende den ganzen Rumtopf verderben.

Der dritte Punkt ist recht simpel: Das Obst muss ununterbrochen mit Flüssigkeit bedeckt und somit von Sauerstoff ferngehalten werden.

NUN ZUR HERSTELLUNG:

❶. Erdbeeren waschen, abtrocknen, vom Strunk befreien und größere Erdbeeren vierteln oder halbieren. In den Rumtopf geben.

❷. Zucker und Zimt dazugeben und anschließend mit Rum auffüllen.

❸. Abgedeckt stehen lassen, bis die Kirschen reif sind.

❹. Ganze Kirschen samt Zucker und Rum in den Rumtopf geben.

*CHEERS!

❺.
Vanilleschote auskratzen.
Mark und Schote dazugeben.

❻.
Warten, bis das nächste Obst reif ist.

❼.
Pfirsich, Zwetschgen und/oder Birnen jeweils vom Stein befreien, in mundgerechte Stücke schneiden und mit Zucker und Zimt in den Rumtopf geben. Mit Rum auffüllen, bis das Obst bedeckt ist.

AUCH WENN ES SCHWERFÄLLT:
Den Rumtopf nach Beigabe des letzten Obstes noch mindestens 2–3 Wochen stehen lassen, damit sich seine ganze geschmackliche und alkoholische Kraft entfalten kann. *

RÜHRKUCHEN

Ein Rührkuchen ist schnell gemacht und ideal, wenn noch Obst rumliegt, das allmählich gegessen werden will. Denn hier ist tatsächlich jedes Obst geeignet. Sprich, die Kombinationsmöglichkeiten sind vielfältig und deiner Fantasie keine Grenzen gesetzt.

WAS DA SEIN SOLLTE:

Eier
Mehl
Zucker
Butter (weich)
Obst-Leftover
Backpulver (1 gestr. TL pro 100 g Mehl)
Nüsse (optional, beliebige)
Gewürze (optional, z. B. Zimt, Vanille)

ZUBEREITUNG:

1.
Backofen auf 160 °C (Ober-/Unterhitze) vorheizen.

2.
Für die korrekte Dosierung zunächst die in der Schale Eier abwiegen. Danach jeweils die gleiche Menge Mehl, Zucker und Butter abwiegen.

3.
Obst, wenn notwendig, schälen, entkernen und zurechtschneiden. Kleine Früchte wie Beeren am Stück belassen.

4.
Zucker und weiche Butter mit einem Schneebesen oder Handrührgerät ca. 3 Minuten verrühren. Danach die Eier einzeln dazugeben und nach und nach verrühren. Das nächste Ei folgt jeweils, wenn die Masse homogen ist.

5.
Mehl und Backpulver sieben und mit einem Holzlöffel sanft unterheben. Nun die Früchte (und gegebenenfalls Nüsse oder Gewürze) ebenfalls unterheben. Die Rührkuchenform ausbuttern, den Teig einfüllen und ca. 45 Minuten backen.

LIEBLINGSKOMBIS

Zwetschgen / Vanille
Blaubeeren
Äpfel / Haselnuss
Birnen / Vanille
Erdbeeren / Vanille / Mandeln

PANNA COTTA

Eines der einfachsten Desserts der Welt, in dem jedoch ungeahnte Kombinationsmöglichkeiten stecken, wenn du mal wieder ein paar Obst-Leftover loswerden willst.

Zunächst solltest du nachschauen, was du an zu verarbeitendem Obst zur Verfügung hast. Dann musst du dich entscheiden, ob du es einfach als klein geschnittenes Kompott auf die erkaltete Panna cotta geben willst, oder ob du es pürieren und direkt einarbeiten willst. Hier erkläre ich dir Option #2. Option #1 funktioniert genauso, nur ohne Schritt 1 und 3, dafür mit etwas mehr Zucker in der Sahne.

WAS DA SEIN SOLLTE:

Obst-Leftover
(beliebig, eine Sorte)
Gelatine
Sahne
Zucker
Vanilleschote
Zitronenabrieb

Als Faustregeln bei der Arbeit mit Gelatine gilt:
6 Blatt Gelatine auf 0,5 Liter Flüssigkeit bzw. Püree.

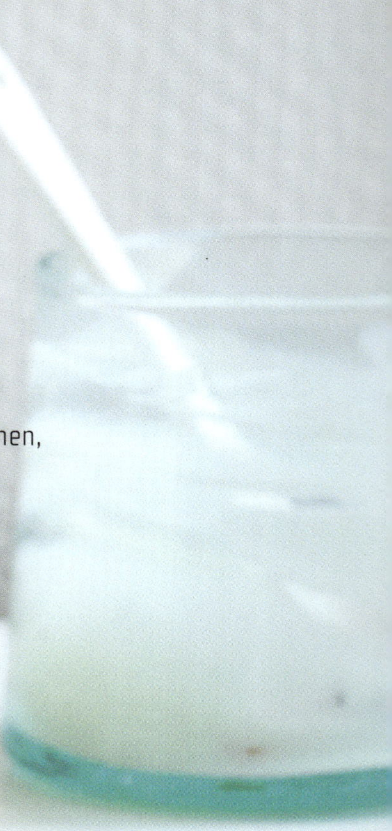

WAS DA SEIN SOLLTE:

1.
Zunächst das Obst vorbereiten: Falls nötig schälen und von Kernen/Kerngehäusen befreien, schlechte Stellen entfernen, in pürierbare Stücke schneiden, etwas zuckern.

2.
Gelatine in kaltem Wasser einweichen.

3.
Das Obst mit Sahne im Verhältnis 1:1 pürieren.

4.
Zusammen mit etwas Zucker, der Vanilleschote und dem Zitronenabrieb aufkochen.

5.
Das Püree etwas abkühlen lassen und die Gelatine in die Flüssigkeit geben.

6.
Masse in kleine Gläser abfüllen und im Kühlschrank fest werden lassen.

LEFTOVER *PIE*

Eine weitere Möglichkeit, um altersschwaches Obst zu verarbeiten, ist der Pie. Traditionell kennt man ihn mit Apfel und Rosinen, doch der geneigte Leftover-Bäcker findet noch viele weitere sehr leckere Geschmackskombinationen.

WAS DA SEIN SOLLTE:

Pie-Form

FÜR DEN MÜRBETEIG:
250 g Mehl
1 TL Salz
250 g Butter (eiskalt in Flocken, etwas mehr für die Form)
150 ml eiskalte Milch
1 Ei

FÜR DIE FÜLLUNG:
Obst-Leftover
Vanilleschote
Zucker
Rum (optional)

MEINE LIEBLINGSKOMBINATIONEN:

Brombeeren / Birnen
Äpfel / Rhabarber / Rosinen
Zwetschgen / Haselnüsse
Weinbergpfirsiche / Mandeln / Schokoraspeln
Ananas / Ingwer / Chili
Himbeeren / Aprikosen
Stachelbeeren / Macadamia

ZUBEREITUNG:

1. Alle Mürbeteigzutaten, bis auf das Ei(!), in eine Schüssel geben und per Hand verkneten, bis eine homogene Masse entstanden ist. In ein Tuch einschlagen und 1 gute Stunde im Kühlschrank ruhen lassen.

2. Den Teig in zwei relativ identisch große Stücke teilen. Beide auf einer bemehlten Arbeitsfläche tellergroß ausrollen. Auf Teller legen, mit einem Tuch bedecken und 1 weitere Stunde im Kühlschrank ruhen lassen.

3. In der Zwischenzeit die Füllung herstellen. Dazu das Obst waschen und, falls notwendig, schälen, von Kernen/Kerngehäusen befreien und in mundgerechte Würfel schneiden.

4. Mit dem Mark der Vanilleschote sowie Zucker und Rum nach Geschmack vermischen und zur Seite stellen.

5. Die Pie-Form ausbuttern.

6. Mürbeteig aus dem Kühlschrank nehmen und den etwas größeren Teig auf einer bemehlten Arbeitsfläche weiter ausrollen. Am Ende sollte er einige Zentimeter größer sein als die Pie-Form.

7. Den Teig in der Pie-Form auslegen – er sollte ein wenig überstehen. Wieder ca. 10 Minuten in den Kühlschrank stellen.

8. Backofen auf 180 °C (Ober-/Unterhitze) vorheizen.

9. Ei trennen. Eigelb und Eiweiß bereitstellen.

10. Boden aus dem Kühlschrank nehmen und in die Form drücken, mit dem Eiweiß bestreichen und die Füllung darauf verteilen.

11. Zweiten Mürbteig als Deckel auf den Pie legen. Den überstehenden Teig des Bodens am Rand auf den Deckel klappen und dekorativ einschlagen.

12. Eigelb mit 2 EL Wasser verquirlen und den Deckel damit bepinseln.

13. Den Pie ca. 45 Minuten backen.

SCHEITER-HAUFEN

WAS DA SEIN SOLLTE:

Für die Royale nimmst du pro 100 g Brot:
150 ml Milch
2 Eier
35 g Zucker

altes Weißbrot, Toast oder Brötchen
Äpfel (wahlweise auch Birnen, Pfirsiche oder Zwetschgen)
ein wenig Zitronensaft
Zucker
Zimt (gemahlen)
Sultaninen oder Rosinen
Butter
Vanilleschote

Brot ist in unseren Breitengraden leider oft zum Scheitern verurteilt und landet unnötiger Weise in der Tonne, sobald es auch nur näherungsweise hart wird. Ein Jammer! Immerhin gibt es auch für altbackenes Brot tolle Verwendungsmöglichkeiten. Deshalb wollen wir hier gescheitertem Brot zu neuem Glanz verhelfen – und es in einer Royale zu einem Scheiterhaufen backen.

ZUBEREITUNG:

1.
Milch, Eier und Zucker miteinander verquirlen und die Menge in etwa gleichen Teilen auf zwei Schüsseln verteilen. Eine davon in den Kühlschrank stellen.

2.
Altes Brot in fingerbreite Streifen schneiden und in einer Hälfte der Milch-Ei-Mischung einweichen.

3.
Äpfel schälen, entkernen, in Streifen schneiden und in einer Schüssel mit Zitronensaft beträufeln, um eine Oxidation zu vermeiden. Anschließend die Äpfel mit ein bisschen Zucker, Zimt, Sultaninen, Butterflocken und dem ausgekratzten Vanillemark vermengen.

4.
Backofen auf 180 °C (Ober-/Unterhitze) vorheizen.

5.
Eine Auflaufform buttern und die Hälfte des eingeweichten Brotes auf dem Boden verteilen. Die Apfelmischung darübergeben. Den Vorgang in mehreren Schichten wiederholen, bis die Form gefüllt ist. Am Ende die übrige Milch-Ei-Mischung aus dem Kühlschrank darübergießen.

6.
Alles ca. 40 Minuten backen, bis die Royale gestockt ist und etwas Farbe bekommen hat.

FRENCH
* TOAST *

Ein weiterer Klassiker der Leftover-Küche:
French Toast, Arme Ritter oder Pain Perdu – viele Namen, eine Idee:
Altem Brot neues Leben einhauchen. Welchen Namen du ihm auch immer geben magst, das Ergebnis macht gute Laune, egal ob als süßes Frühstück oder zwischendurch als Snack. Meiner Erfahrung nach sind übrigens besonders Kinder hellauf begeistert, wenn das süße Brot aus der Pfanne kommt.

WAS DA SEIN SOLLTE:

Auf je 2 Scheiben Brot kommen:

50 ml Milch

Zucker

1 Ei

Zimt (gemahlen)

altes Weißbrot oder Toast

Pflanzenöl

DEFTIGE VARIANTE

Lässt du in der Ei-Milch-Mischung Zimt und Zucker weg, kannst du auch deftige French Toasts machen. Zwischen zwei ausgebackenen Toastscheiben machen sich z. B. Rührei, Bacon oder ein paar gebratene Pilze exzellent.

ZUBEREITUNG:

❶.
Milch, Zucker, Ei und Zimt verrühren.

❷.
Die Brot- oder Toastscheiben in die Ei-Milch-Mischung legen und sich richtig vollsaugen lassen. Je nach Härtegrad kann dies auch mal 10 Minuten dauern.

❸.
Eine Pfanne auf mittlerer Hitze erwärmen und etwas Öl hineingeben.

❹.
Vollgesogenes Brot in der Pfanne goldgelb ausbacken.

Schmeckt super mit etwas Zimt und Zucker, Apfelkompott oder Ahornsirup.

*REZEPTREGISTER

*ZUTATENREGISTER

Hast du noch bestimmte Reste, kannst du dich hier inspirieren lassen! Die wichtigsten Zutaten und häufigsten Reste sind dabei.

Wenn du bestimmte Zutaten nicht findest, heißt das aber nicht, dass in diesem Buch kein passendes Rezept ist (wir kriegen jeden Rest unter). Blätter am besten einfach durch und lass dich von den Fotos inspirieren.

* LEFTOVER COMPANIES & INITIATIVEN *

Resteverwertung bzw. das umfassende Verarbeiten von Lebensmitteln ist zum Glück ein immer größeres Thema. Daher gibt es inzwischen auch einige tolle Unternehmen, die sich dem Thema annehmen – mit wachsendem Erfolg. Die Macher der hier vorgestellten Companies sind "Brüder und Schwestern im Geiste". Sprich, Menschen die es sich zur Aufgabe gemacht haben, konstruktiv etwas gegen Überkonsum und Misswirtschaft zu unternehmen. Gleichzeitig sind ihre Produkte tolle Alternativen zu konventionellen Anbietern.

Etepetete: Leftover frei Haus

Anbieter von Lebensmittelboxen, die nach Hause geliefert werden gibt es einige. In Zusammenarbeit mit einem Netzwerk on Bio-Bauern kommt bei Etepete jedoch in die Kiste, was ansonsten ausrangiert werden würde, weil es den Ansprüchen des Handels nicht genügt. **etepetete-bio.de**

Unverschwendet: Leftover Aufstrich & mehr

Das Wiener Startup Unverschwendet nutzt ebenfalls aussortiertes Obst und Gemüse und stellt unter anderem Fruchtaufstriche, Sirup und Pickles her. Erwerben kannst du die Produkte im Online-Shop und live auf dem Schwendermarkt in Wien. **unverschwendet.at**

Dörrwerk: Leftover Snacks

Im Berliner Dörrwerk werden ausrangiertes Obst und Gemüse zu Fruchtpapier, -konfetti und Chips. **doerrwerk.de**

Brox: Leftover Brühen

Die beste Knochenbrühe ist natürlich die selbstgemachte (siehe S. 22). Doch wenn es mal schneller gehen muss, sind die Brühen von Brox eine gute Alternative. Alle verwendeten Knochen stammen selbstverständlich von Tieren aus artgerechter Haltung. **bonebrox.com**

Knödelkult: Leftover Knödel

Knödelkult sammelt bei Bäckereien übriggebliebenes Brot ein und verarbeitet es zu frischen Knödeln weiter, die dann ins Glas kommen und verkauft werden. **knoedelkult.de**

SirPlus: Leftover Shop

SirPlus ist ein Berliner Leftover-Supermarkt. Verkauft werden dort frische Lebensmittel, die nicht den Anforderungen des normalen Handels entsprechen und abgepackte Lebensmittel, die das Mindesthaltbarkeitsdatum (siehe auch S. 213) überschritten haben, aber nach wie vor einwandfrei sind. Neben dem Store betreibt SirPlus auch einen Online-Shop. Ein ganz ähnliches Ladenkonzept, allerdings ohne Online-Shop, findet sich auch in Köln: The Good Food (the-good-food.de). **sirplus.de**

Too Good To Go: Leftover Takeaway

Nicht nur im Handel, auch in der Gastronomie wird vieles weggeschmissen. Too Good To Go, ein dänisches Startup, bringt hungrige Nutzer zusammen mit Betrieben, die Reste haben, die sonst in der Tonne landen würden. Für kleines Geld können Nutzer abends abholen, was den Tag über nicht verbraucht wurde. **toogoodtogo.de**

Kauf Ne Kuh: Crowdbutching

Hinter Kauf Ne Kuh steckt die Idee, alle Teile vom Tier zu verwerten. Geschlachtet wird erst, wenn eine Kuh zu 100 Prozent verkauft ist, von der Schnauze bis zum Schwanz. Bestellen kann man verschieden große Pakete, die direkt nach Hause geliefert werden. **kaufnekuh.de**

Geflügelhof Schubert: No Gockel Leftover

Ein „Rest", der bei der Aufzucht von Legehennen entsteht, sind männliche Küken. Weil diese keine Eier produzieren, wird in der modernen Massenproduktion der Schredder für sie angeworfen. Anders beim Geflügelhof Schubert und vielen anderen Bio-Betrieben, die bei dem Projekt mitmachen. Hier werden die Jung-Gockel trotz ihres „falschen" Geschlechts artgerecht aufgezogen bevor sie nach 4–5 Monaten geschlachtet und entweder küchenfertig verkauft oder weiterverarbeitet werden. Zum Beispiel zu Sülze, Brühe oder Frikassee. **gefluegelhof-schubert.com**

foodsharing: Leftover Community

Über die Plattform Foodsharing koordinieren sich Menschen, die Leftover loswerden wollen mit jenen, die sie abnehmen wollen. Teilnehmer sind sowohl Supermärkte als auch Privatpersonen. Außerdem betreibt foodsharing sogenannte Verteiler. Das sind öffentliche Regale und Kühlschränke, in die jeder Lebensmittel stellen und von dort mitnehmen darf. **foodsharing.de**

Nachbarschaftshilfe: Leftover-Lokal

Auch einige Nachbarschaftsvereine bieten Lösungen zum Teilen von Lebensmitteln an. Falls deiner noch nichts dergleichen tut, schlage es einfach mal freundlich vor.

DANKE

Ein Buch zu schreiben klingt vielleicht nach einem einsamen Unterfangen. Das mag in manchen Fällen zutreffen, aber zumeist sind Bücher Teamwork. So auch Leftover. Viele Menschen haben dazu beigetragen, aus einer ersten Idee Realität zu machen. Bei all ihnen will ich mich an dieser Stelle bedanken. Allen voran bei **Vivi D'Angelo**, die Leftover mit ihren Fotografien ein Gesicht mit ganz besonderem Charakter verpasst hat. Leftover wäre ohne Vivi nicht denkbar. Das gilt auch weit jenseits der Bilder, denn ohne Vivis Engagement und Herzblut vom ersten Tag an, hätte Leftover nie das Licht der Welt erblickt. **Danke Vivi!**

Ein nicht mindergroßes Danke geht an meinen schreibenden Sparring-Partner **Thomas Euler**. Auch er hat viel dazu beigetragen, Leftover zu verwirklichen: Er verwandelte mein zusammengeschriebenes Kauderwelsch in wohlformulierte und verständliche Sätze, las sich nerdig in diverse Themengebiete ein, nur um mich dann aus Sicht des Nicht-Profikochs mit allerhand Dingen zu konfrontieren, die einem nicht auffallen, wenn man jeden Tag 12 Stunden am Herd steht, doch die ein Kochbuch erst verständlich machen.

Auch meiner Freundin, **Kristin Arnhold**, gilt ein Riesendank. Denn ohne ihre täglichen Bemühungen, die Welt zu einem besseren Ort zu machen, würde ich wahrscheinlich immer noch unachtsam über unseren Planeten wandeln, ganz so, als hätten wir noch fünf davon im Schrank.

Danke auch an **Oliver Brauer**, der als erster Außenstehender das Potenzial dieses Projektes gesehen hat und uns seither mit Rat und Tat zur Seite stand.

Und an das gesamte Team des **Umschau-Verlags** für die tolle Zusammenarbeit!

NOCH MEHR DANKE

Abschließend geht ein **breiter Dank an alle Schwestern und Brüder im Geiste**. An all jene, die jeden Tag aufstehen mit dem Bewusstsein, nur eine Erde zu haben. Die immer wieder Akzente setzen, – kleine wie große – um diese Erde am Leben zu erhalten und so eine Zukunft für den Menschen zu gestalten, in der es hoffentlich noch lange ein wundervolles Privileg sein wird, auf unserem Planeten geboren zu sein. Danke an dich, lieber Leser, dass du mithilfe dieses Buches auch einen Beitrag dazu leistest, unsere Erde in Einklang mit uns zu bringen.

IMPRESSUM

Text
Vincent Fricke

Textliche Unterstützung
Thomas Euler

Fotografie
Viviana D'Angelo
Außer: Kristin Arnhold, Seite 6

Foodstyling
Vincent Fricke, Kristin Arnhold

Redaktion und Lektorat
Corinna Nikolaus

Art Direktion, Satz und Gestaltung
Tina Defaux

Druck
Druckerei Finidr

Dieses Werk wurde vermittelt durch die Agentur Brauer.

Printed in Czech Republic
ISBN 978-3-86528-953-7

Besuchen Sie uns im Internet → www.umschau-buchverlag.de